実践から考える

特別支援教育のための 図画工作・美術の 授業づくり

髙橋智子

目次

第3章　実践例 15 題材　87

はじめに

　本書は、特別支援教育における図工・美術の授業づくりの考え方と実践例をまとめたものです。長年、現場の先生方と授業づくりに取り組んできました。子どもたちや先生方の姿から、多くのことを学ばせてもらいましたが、同時に先生方の図工・美術の授業づくりの悩みを耳にすることも多くありました。

「子どもにとって、図工や美術の学習はどんな意味があるの？」
「授業を充実させたいけど、何から取り組めばいいの？」
「子どもの多様な実態に合わせた授業づくりのポイントがわからない」

　本書の目的は、こうした先生方の疑問に寄り添い、解決の糸口を一緒に見つけていくことです。
　どのように授業づくりを考えればよいのか題材研究から授業の準備や実践までを丁寧に解説します。
　図工・美術の授業を考える時間は、子どもや自分と向き合う、どきどきわくわくする楽しい時間です。
　この本を片手に、一緒に授業づくりに取り組みましょう。

髙橋智子

第1章

授業づくりを考える

1 授業づくりに必要なこと

図工・美術の授業づくりに不安や苦手意識を感じている先生は少なくないと思います。もしそういった意識があるのであれば、授業づくり自体をとらえ直してみるとよいでしょう。

授業づくりとは

　図画工作科や美術科（以下、図工・美術と記す）の場合、授業中のみに着目するだけではなく、その前後の取り組みを充実させることが授業の充実につながります。特に、図工・美術は授業前の様々な準備、すなわち「題材研究」を深めていくことがとても重要になります。

　図工・美術では、学習内容やまとまりなどのことを単元という言い方ではなく「題材」という言い方で表します。授業前には、子どもの実態を把握し、授業目標を立て、題材を提案し研究を深めます。そのプロセスで、活動内容を明確にしたり指導支援の方法や学習環境を検討したりすることに取り組みます。授業中には、検討した題材をもとに、子どもの姿に寄り添いながら指導支援に取り組んだり、学びを価値づけたりしていきます。授業後には、題材や子どもの学びを評価し、授業を改善し次の学びにつなげていきます。本書では、こうした一連の取り組みを、「授業づくり」という言葉で示しています。「授業づくり」とは題材研究を含め、「授業前」、「授業中」、「授業後」に教員が取り組む様々な準備や実践などの内容を示しています。

　図工・美術は、全ての子どもにとって、必要な学びの時間です。図工・美術の意義や特性を理解して、授業づくりについて考えていきましょう。

授業づくりの苦手意識はどこからくるのか

　先生方や大学生から「図工や美術は苦手」、「授業に自信がもてない」という言葉をよく聞きます。筆者は長年、継続して特別支援学校（病弱、知的、肢体不自由等）の授業や題材研究などに関わっていますが、授業づくりに課題を感じているという先生方に出会ってきました。

　図工・美術の授業づくりに課題を感じるのはなぜでしょうか。「自分には美術に関する専門的な知識や技能が不足している」、「どんな題材を実践すればよいのかわからない」、「子どもへの指導や支援方法がわからない」など、理由は様々だと思います。授

業づくりの際には、図工・美術の意義や特性を理解することがとても大事です。また、教員の教科への考え方やとらえ方が授業づくりに大きな影響を与えます。子ども一人一人の多様性を活かせるように、これまでの考えをとらえ直していきながら、授業づくりに取り組みましょう。

何となくできてしまう危うさ

　図工・美術の授業は、「何となくでもできてしまう危うさ」と隣り合わせになっているといつも感じます。つまり、課題意識をもたなくても、ある程度授業を実施することができてしまうということです。例えば、子どもたちに画用紙を配布して、「水彩絵の具を使用して好きな絵を描きましょう」と投げかけ、十分な指導支援を行わず授業の終わりに完成作品のみを回収するような授業を行うこともできてしまいます。また、教員の理想とする作品を一方的に子どもにつくらせたり描かせたりしてしまっている場合もあるかもしれません。結果として作品は完成しますが、学習のプロセスや学習の意味を考えない自由放任的な指導や子どもの存在を無視してしまっている一方的な指導になることは授業者として避けるようにしましょう。

一方的な指導

同じような作品が生まれる
子どもが楽しめない

子どもに合わせた指導

多様な作品が生まれる
子どもが楽しめる

子どもと一緒に楽しもう

　学校種に関わらず、図工・美術の授業では、教員は常に授業（題材など）を創造します。そのプロセスで、子どもの実態に寄り添うことがとても重要になります。授業では、子どもの成長をそばで見守ったり、一緒に考えたり、共に学んだりすることで、教員自身も子どもと共に常に成長を実感します。子どもに寄り添い、子どもの成長を願い、その方法を考えていくとよいでしょう。

　時代や社会、子どもの実態により、授業のあり方は変化し続けます。こうした変化をとらえながら、担当する子どもの実態に合わせた授業づくりに取り組んでいきましょう。変化に柔軟に対応しつつ、常に学び続ける教員でいることがとても重要です。子どものことを考え、子どもの学びの姿を思い描きながら授業を検討する時間は、とてもわくわくして楽しく感じるものです。

2 何のために図工・美術を学ぶのか

なぜ図工・美術を学ぶ必要があるのかという声を聞くことがあります。画家を目指すことや、作品をつくることが目的ではありません。ここでは図工・美術で大事にしていることを一緒に考えていきましょう。

何のために 図工・美術を学ぶのか

「図工・美術の授業」と聞くと「作品をつくらせなければいけない」、「作品を鑑賞させなければいけない」と考えている方がいるかもしれません。しかし、「表現すること」や「鑑賞すること」は目的ではなく、目的を達成するための「手段」であると考えられます。図工・美術は「表現すること」や「鑑賞すること」を通して、自他の個性を認め、自分なりの新たな意味や価値をつくりだし、豊かに生きていく力を身につけていくことを目指している教科なのです。

図工・美術の授業で目指すものやプロセスは子どもによって異なります。授業では、形や色などの造形要素を手がかりにしながら「つくること（表現）」や「みること（鑑賞）」を常に繰り返します。こうしたつくりだす活動では、全ての子どもが主役となり、自由に活動を選択し取り組みます。自分で感じたり考えたり、選んだりつくったりしながら自分なりの方法や答えを見つけていきます。ありのままの自分を発揮しながら、自由に感じたり、選んだり、考えたりすることができるのです。これは、他の教科にはない図工・美術の大きな特徴です。知識や技能だけを一方的に教え込み、決められた一つのゴールに向かうことを目的としているのではありません。授業では、個の力を精一杯発揮して試行錯誤している活動のプロセスを重視して、子どもが主体的に感じたり考えたりすることを大切にしています。

また、図工・美術は障害の有無にとらわれることなく全ての子どもが取り組むことができる教科だといえるでしょう。先生方の中には、担当している子どもの実態から、教科学習に取り組むことは「できない」と判断し、図工・美術の授業づくりに対して消極的になっている方がいるかもしれません。

図工・美術の活動では、子どもの多様な実態はそれぞれの個性としてとらえられます。「できないこと」や「できること」は、一人一人の「個性」や「違い」として肯定的に受けとめられます。障害の有無に関係なく、自分の力で取り組むことや試行錯誤してたどりついてできたものやこと（答え）は、個が発揮された成果なのです。

図工・美術の活動を通して試行錯誤を繰り返す中で、子どもは自分の好きなことや苦

手なこと、嬉しいことや楽しいこと、悲しいこと、挑戦したいことやしたくないこと、わかることやわからないことに出会い、次第に自分自身を理解したり自覚したりしていきます。自分の力を最大限に発揮しながら自由にのびのびと創造するプロセスは、かけがえのない自分自身を知るきっかけになります。

　これは、子どもが自分の生き方を模索している姿であるともいえます。こうした自己決定の繰り返しは、選択・決定しつくりだしたという達成感や充実感を得ることにつながります。それは自己を肯定的にとらえるきっかけになっていき、それがやがて生きる自信へとつながっていくのです。つまり、図工・美術の学びでは、自分を知ることで自分を認めたり、新たな生き方を選択したり見つけたりつくりだしたりすることができるのです。図工・美術の授業づくりに積極的に取り組むことが、子どもたちの豊かな人生や明るい未来を創造することにつながると信じています。

私は、五感で受け取ったものを絵や詩に表現し、
情報化できる人がたくさんいる社会が
健康だと思うのです

　　　　　　　ようろうたけし
　　　　　　　養老孟司（解剖学者）

　人は美しい風景を見て、これを残したいと思ったときに詩や俳句を作ったり、あるいは絵を描いたりしています。五感で受け取ったものを言葉や絵にして表現し、人に伝えるというのは、情報に変えていくという作業です。

　そういう作業はとても時間がかかります。だからどんどんやらなくなっています。

　大人はその辛抱がないので、そんなふうに絵を描きませんし、子どもが絵を描いていると、すぐに「何の絵？」と聞きます。学校では「いますぐやりなさい」「時間内に書き終えなさい」と言います。考えているだけで時間が終わってしまう子だっているはずです。

　（中略）子どもは色をそのもので見ていますから、色使いもハッとさせられます。大人がパソコンで書類を作る際、ハッとする色使いにできる人が少ないのは、五感で受け取ったものを表現しなくなっているからです。（中略）

　私は、五感で受け取ったものを絵や詩に表現し、情報化できる人がたくさんいる社会が健康だと思うのです。

養老孟司『ものがわかるということ』祥伝社、2023年 より引用

③ 特別支援教育の基礎知識

特別支援学校ではどのような教育が行われているのでしょうか。
ここでは、教育課程を踏まえつつ特別支援教育の基礎知識を
わかりやすく解説します。

特別支援学校ってどんな学校？

　障害等のある子どもの能力や可能性を最大限に伸ばし、一人一人の教育的ニーズに的確に応える指導を提供できるような場として特別支援学校や特別支援学級が整備されています。そこでは、連続性のある多様な学びの機会を得ることができます。

　特別支援学校は、障害等のある子どもを対象に、「幼稚園、小学校、中学校又は高等学校に準ずる教育を施すとともに、障害による学習上又は生活上の困難を克服し自立を図るために必要な知識技能を授けることを目的とする」〈注1〉学校です。

　以前は、障害種に対応した学校（盲<ruby>盲<rt>もう</rt></ruby>学校、<ruby>聾<rt>ろう</rt></ruby>学校など）がつくられていましたが、平成19年に特別支援教育へ移行した後、障害種にとらわれない学校のあり方や地域の特別支援教育のセンター的役割を担っていく形態へ変わっていきました。特別支援学校では、子どもの個々のニーズに柔軟に対応し、適切な指導や支援を行う観点から、複数の障害種別に対応した教育を実施することが目指されています。学校教育法では、特別支援学校の対象となる障害種が「視覚障害」「聴覚障害」「知的障害」「肢体不自由」「病弱（身体虚弱を含む）」と示されています。

〈注1〉学校教育法第72条より

クラスの人数は？

　特別支援学校の学級編制は、子どもたち一人一人の実態に応じたきめ細かな指導を行うため、クラスは小学部・中学部において6人、高等部において8人、重複障害の子どもの場合は3人とそれぞれ上限が定められています。

どんなクラス編制になっているの？

　小・中・高等学校（以下、通常学級と記す）での教科学習は、原則、同時に学習することを前提にクラス分けされた同学年の学級を基本として授業が実施されます。特別支援学校においても、同学年の学級を基本として学習集団が編成されますが、複数学年の子どもを同一学級に編制することも認められています。

どんなシステムで教えているの？

　通常学級では、学級担任制と教科担任制とがあります。近年、小学校高学年を中心に教科担任制を取り入れる学校も増え、教員の担当の仕方も様々です。特別支援学校では基本的に学級担任制が採用されています。

　また、特別支援学校では、一人一人の教育的ニーズを踏まえた授業を行うために、多くの学級が複数担任制となっています。一対一の個別指導だけではなく、2人以上の教員がチームを組んでの学習指導が行われています。このことを、「チーム・ティーチング（Team Teaching/ 以下、TT と記す）」といいます。子どもの教育にあたる協力型の授業方式です。TT による授業の特質は、学習集団を構成する子ども一人一人の課題に細かいところまで対応できることにあります。TTを機能させるためには、授業づくりの各段階において、教員が協働で取り組み、授業に対して十分な共通理解（個別目標、内容、指導支援など）を図ることが重要とされます。こうした TT による指導体制は、図工・美術の授業でも取り入れられています。筆者は長年、院内学級（訪問教育）などで実践を重ねていますが、子どもたちの心身上の特徴や障害の範囲は様々であり、授業への意欲や造形活動などに関わる身体上の特徴も一人ずつ異なることを実感しています。特別支援学校では、身体的、知的、精神的な面から多様な実態のある子どもによって学習集団が編成され、その多様な集団を対象として授業を実施することになります。個のニーズに合わせた指導支援を行うためには、TT による実践がとても有効です。単な

る役割分担ではなく、授業前、授業中、授業後の共通理解を図り、教員全員が授業の主体であることを意識する必要があります。

特別支援学校における TT

特別支援学校では、TT で授業に取り組みます。授業実施前には、教員同士で参加する子どもの実態を共有し、題材研究に取り組みます。その後、T1 が指導案（題材：目標、内容、指導支援方法など）を作成し、T2 などと共有・改善していきます。事前に指導案を共有することで、学習環境づくりについても理解が深まります。

授業中には、教員同士で協力して、授業を進めたり、個別指導を行ったりしていきます。そのためには、実践する題材の理解を深めたり、授業準備に取り組んだりすることが重要です。また、授業後の評価にも共に取り組みます。TT 間での評価の相違などを確認し、授業改善につなげることができます。

どんな授業が行われているの？

　障害のある子もない子も、教育の目的に変わりはありませんが、子どもの障害などによる学習上の困難さに配慮して指導を行うために、通常学級と異なった特徴をもつ教育課程[※1] や、実態に合わせた題材研究などが必要になります。

　特別支援学校では、各障害のある子どもに対して、通常学級に「準ずる教育」[※2] を行います。これに加えて、特別支援教育の教育課程のみに設けられた領域として、「自立活動」[※3] があります。また、知的障害の特別支援学校では、通常とは異なる段階制による教育課程[※4] が編成されています。

　特別支援学校では、子どもの実態（発達や理解状況など）に合わせて、目標や内容を選択して、指導を行うことができます。つまり、特別支援学校において図工・美術に取り組む際は、①小・中・高等学校の通常学級の学習指導要領を用いて実施する場合（「準ずる教育」）、②知的障害のある子どもに対して段階別に実施する場合、③障害の状態により自立活動を主として実施する場合があるということになります。

特別支援学校 図工・美術の指導 3パターン

1	2	3
通常学級の 学習指導要領を 用いて実施 （準ずる教育）	知的障害のある 子どもに対して 段階別に実施	障害の状態により 自立活動を 主として実施

自立活動を主として実施する場合

③
障害の状態により
自立活動を
主として実施

障害の重い子どもたちの学習では、自立活動の内容に重点を置いた指導を行うことがあります。例えば、粘土を扱った造形活動の場合、自立活動の観点からは姿勢の保持、手指の巧緻性を高めることなどが目指されますが、図工・美術の観点からは、材料の感触を楽しんだり、つくることやみることを楽しんだりすることなどを目指すことができるでしょう。

自立活動と図工・美術

障害等の重い子どもたちは、図工・美術での学習時に、障害等による困難さが生じる場合がある。例えば、手が動かせなかったり力が弱かったりするために筆を手で握って描く表現活動が十分に行えない場合や体調の不安定さが学習意欲の低下につながる場合などである。特に、障害の重い子の場合、自立活動を主として編成される教育課程で学ぶことがあるため、教科学習と自立活動の指導は切り離されることはなく一体的にとらえる必要がある。図工・美術の学習での困難さは生活の中でも課題となり得るため、自立活動の指導は学校の教育活動全体を通して指導が展開される。

※1
教育課程

「学校教育の目的や目標を達成するために、教育の内容を児童の心身の発達に応じ、授業時数との関連において総合的に組織した各学校の教育計画である」とされる。(『小学校学習指導要領解説 総則編』第 2 章より)

※2
準ずる教育

小学校、中学校及び高等学校の学習指導要領に示されている各教科等の目標や内容で編成する教育課程による教育のことをいう。指導計画の作成と内容の取扱いについては、小学校又は中学校の学習指導要領に準ずるのみならず、児童生徒の障害の状態や特性及び心身の発達の段階等を十分考慮しなければならないとされている。(『特別支援学校 小学部・中学部 学習指導要領』第 2 章より)

※3
自立活動

特別支援学校の教育課程に設けられた指導領域のことをいう。自立活動の目標は「個々の児童又は生徒が自立を目指し、障害による学習上又は生活上の困難を主体的に改善・克服するために必要な知識、技能、態度及び習慣を養い、もって心身の調和的発達の基盤を培う」こととし、自立活動は、学校の教育活動全体を通じて適切に行うものとされ、各教科等の指導とも関連性がある。(『特別支援学校 小学部・中学部 学習指導要領』第 7 章より)

※4
知的障害の教育課程

指導の内容は、小学部では「各教科(国語、算数、生活、音楽、図画工作、体育)」「特別の教科(道徳)」「特別活動」「自立活動」「外国語活動(必要に応じて履修可)」、中学部では「各教科(国語、社会、数学、理科、音楽、美術、保健体育、職業・家庭、外国語)」「特別の教科(道徳)」「特別活動」「自立活動」「総合的な学習の時間」からなる。小学部は 3 つの段階、中学部と高等部は 2 つの段階により示されている。(『特別支援学校 小学部・中学部 学習指導要領』第 1 章より)

知的障害の学習は？

　知的障害の特別支援学校では、教育課程の基本的内容に加えて、これらの内容を効果的に学習するための指導の形態にも特徴があり、「教科別、領域別の指導」※5 や「各教科等を合わせた指導」※6 が行われます。「各教科等を合わせた指導」では、各教科等を合わせた指導の形態として、学習活動のつながりを意識して指導を行い、「日常生活の指導」、「遊びの指導」、「生活単元学習」、「作業学習」として、実践されます。こうした学習に、図工・美術の学習内容や学びの要素が組み込まれる場合もあります。

生活単元学習

生活単元学習では、生活に関わる全ての内容が対象になるため、教科内容を総合的に組み込むことが可能です。学習したことを生活に般化させていく学びが重要となります。例えば、知的障害の特別支援学校（小学部）において、生活単元学習として「夏を楽しもう」というテーマを設定した場合、夏の遊びを体験したり、自然を観察したり、夏の野菜や果物などを買ってきて調理して食べたりなどのパーティーやお祭りに取り組むこともできますし、夏に関連する歌を歌い、踊るような活動などが想定されます。図画工作科の視点からは、より季節を感じながら夏祭りやパーティーを彩るために、絵を描いたり教室の装飾をつくったりするなどの活動が考えられます。このように、図工・美術の内容を組み込むことで、より充実した学習となります。

図工の要素がないパーティー

図工の要素があるパーティー

作業学習

中学部や高等部では、職業や家庭生活に必要な基礎的・基本的な知識と技能を習得し、進んで社会生活に参加していく能力を養う作業学習が位置づけられています。学習活動として、陶芸、木工、紙の工作、染織や縫製等に取り組むことがあり、美術科で学ぶ知識や技能に関連したつくる学習内容が組み込まれている場合があります。

※5
教科別、領域別の指導

「教科別の指導を一斉授業の形態で進める際、児童生徒の個人差が大きい場合もあるので、それぞれの教科の特質や指導内容に応じて更に小集団を編成し個別的な手立てを講じるなどして、個に応じた指導を徹底する必要がある」とされる。（『特別支援学校 学習指導要領解説 各教科編（小学部・中学部）』第4章より）

※6
各教科等を合わせた指導

各教科の指導においても、教科等横断的な視点による指導内容の配列や関連づけが重要になる。例えば、社会科で伝統工芸について学習し、実際に図工・美術で表現や鑑賞の活動に取り組むことなどが挙げられる。

どんなふうに教えているの？

　特別支援学校では、少人数で学習集団が編成されているとはいえ、学習形態は個別、グループ、一斉と様々です。

　特別支援学校に在籍する子どもたちの学習上の実態や心身上の特徴、障害の範囲は多岐にわたり、授業への意欲の差もあり、造形活動などに関わる身体上の特徴も一人ずつ異なります。特に、学習形態がグループや一斉の場合は、身体的、知的、精神的な面から多様な実態のある子どもで学習集団が編成されており、授業を実施することになります。小学生と中学生を合わせた合同授業（異学年でのグループ学習）として実施される場合もあり、その場合は、年齢の広がりや多様な実態を加味した汎用性が高い題材を設定することが重要になります。学習形態や子どもの実態に合わせた柔軟な活動内容や指導を検討する必要があります。

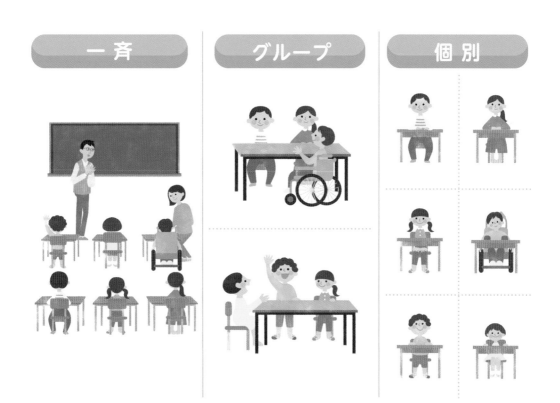

一斉　　グループ　　個別

指導計画 は?

通常学級では、授業実施前に、一斉指導を想定して、学習集団全体を対象とした指導計画※7 を作成します。特に、題材ごとに作成する学習指導案※8 は、授業を実施する際に重要な役割を果たします。 P36・P44

特別支援教育においても、図工・美術の指導計画を作成しますが、その際、個別に作成された「個別の指導計画」を活用します。「個別の指導計画」は、障害のある子ども一人一人の指導目標、指導内容及び指導方法を明確にして、きめ細かに指導するために作成するもので、「実態把握」、「目標の設定（長期目標・短期目標）」、「指導内容・支援の設定」などを記載し、実践を通して、それらを評価・改善する役割を担っています。例えば、図工・美術における題材の学習指導案作成においても、「個別の指導計画」を用いて子どもの実態把握を深め、指導目標や内容、指導や支援方法、配慮事項などを考え、題材研究や指導支援のあり方などを検討します。

グループや一斉指導において個々の実態が多岐にわたっている場合、学習集団全体を対象とするだけではなく、一人ずつ個別の実態把握や目標設定、手立てや評価規準の設定などを追記する場合があります。特別支援教育では、子どもの実態を踏まえ、個の教育的ニーズに応じた授業づくりのあり方が重視されているため、グループや一斉指導の場合、学習集団全体と個への対応を想定して学習指導案を作成することが重要になります。

※7
指導計画

指導計画とは、学校ごとの教育目標や教科の目標や、各学年の目標の実現を目指し、その指導の充実を図るために、教科の指導内容を具体的に定めた実施計画のことをいう。指導計画には、年次指導計画（各校種の在学期間を見通した計画：小学校では 6 年間、中学校では 3 年間）や、年間指導計画（当該学年の 1 年間の計画）をはじめ、学期ごと、月ごと、週ごと、題材ごとに作成するものがある。

※8
学習指導案

学習指導案は、学校や校種によって形式が異なる場合はあるが、題材ごとに、「題材名」「目標」「内容」「方法」「展開・計画」などを具体的に検討し、授業構想を練っていく授業のシナリオといえるものである。子どもの実態を想定して、授業前に作成する。

どこで授業をするの？

特別支援学校においても、通学できる子どもに対しては、通常学級と同様に図工室や美術室が設置されている学校では教科専門の教室で実施する場合も、自分たちの教室で実施する場合もあります。活動内容によっては、多目的室や運動場、体育館などを使用することもあります。病気や障害により学校に通学して教育を受けることが困難な子どもに対しては、教員が家庭や病院、施設などに訪問して授業を実施することもあります（訪問教育）。こうした場合は、各家庭や病院内、施設内が学習場所になります。例えば、入院中の子どもに対しては、病院内に設置されている院内学級に通学して教科学習を実施する場合もありますし、体調などにより通学が難しいときは病室のベッドサイドで授業を実施する場合もあります。

まとめ

特別支援学校での授業づくりを考える際、学習に関わる特徴を理解することは授業づくりの基礎となります。ただし、地方自治体や各学校によって、教育方針や取り組み、システムなどには特徴や違いがありますので、赴任先の状況に合わせて、柔軟に授業づくりに取り組んでいくことが大切です。特別支援学校の特徴を理解したあと、次のページから図工・美術が目指すことについて、学んでいきましょう。

4 図工・美術教育の目標

授業づくりをする前に、まず頭に入れておかなければならないのが、教科でどのようなことを目指しているかを理解することです。ここでは、図工・美術ではどのような力を育成することを目指すのか、学習指導要領を踏まえて説明します。

図工・美術教育とは

教育というのは、「人を育てること」だと考えます。だからこそ、学校教育において教科内容は手段といえるでしょう。図工・美術教育においても、表現や鑑賞を手段として教育に取り組みます。図工・美術は「表現すること」や「鑑賞すること」を通して、自他の個性を認め、自分なりの新たな意味や価値をつくりだし、豊かに生きていく力を身につけていきます。図工・美術は人間教育（人間形成）を目的とし、子どもが自他や社会と豊かに関わり、主体的かつ創造的に生きていく資質・能力を育成することを目指す教科であるといえるでしょう。

「子どもにどんな力を育むのか」を考えよう

授業づくりの際、「どのような内容を行うのか」のみならず、「内容が何のために行われるのか」、「子どもにどのような力を育むのか」という視点で題材研究に取り組むことがとても重要になります。例えば、同じ「絵に表す活動」でも、知識や技能を身につけるのか、思考したり判断したりする力を身につけるのかなど、授業の目標によって授業づくりの考え方は変わります。授業目標と関連づけながらその内容を検討していきましょう。

また、授業目標は、子どもの実態や学びのつながりなどを踏まえて設定する必要があります。教員が子どもに寄り添いながら、育みたい資質・能力（目標）を明確にすることは、題材研究では欠かすことができない視点です。子どもにとって価値ある学びの時間となるために、しっかりと意識しましょう。図工・美術で「○○な子どもに育ってほしい」という願いをもち、題材を通して子どもがどのような姿になってほしいのかを具体的にイメージしていきましょう。

育成する3つの資質・能力

　昨今、教員が知識や技能を一方的に教え込むような学習ではなく、子どもが主体的に学ぶ学習が重視された教育のあり方が問われています。また、授業を通してつけた力が生活や社会で活かされていくことも重要だと考えられています。

　平成29年に告示された学習指導要領では、教科の学びを通して「何ができるようになるのか」という観点から、子どもたちに必要な力を「育成を目指す資質・能力」として整理しています。これらの資質・能力は「知識及び技能（何を知っているか・何ができるか）」、「思考力、判断力、表現力等（知っていること・できることをどう使うか）」、「学びに向かう力、人間性等（どのように社会と関わり、よりよい人生を送るか）」の3つで示されています。3つの資質・能力は、小中学校や高等学校、特別支援学校の各学校、全教科で共通して掲げられています。

　図工・美術においても、育成する3つの資質・能力に沿って、教科の目標が示されています。〈表1〉これらの資質・能力は、教科の授業目標の設定に大きく関わります。教員が子どもに「育成を目指す資質・能力」は、授業内で子どもに意識させる目標でもあるからです。図画工作科では「生活や社会の中の形や色などと豊かに関わる」ため、美術科では「生活や社会の中の美術や美術文化と豊かに関わる」ために、子どもたちは「造形的な見方・考え方」※9を十分に働かせながら、3つの資質・能力を育んでいくことになります。「造形的な見方・考え方」とは、図工・美術の学びのプロセスで、何に着目して、どのようなアプローチをするかという教科ならではの視点や考え方のことを指します。

　図工・美術は、子どもの感性や想像力を大切にしながら、造形的な視点（形や色など）に着目して、自分なりの表現や考え方をつくりだしていく教科です。教科の見方・考え方を授業の過程で働かせながら、学びを深められるように支援していきましょう。

〈表1〉学習指導要領（小学校図画工作、中学校美術）より（平成29年告示）

図画工作の目標			表現及び鑑賞の活動を通して、造形的な見方・考え方を働かせ、生活や社会の中の形や色などと豊かに関わる資質・能力を次のとおり育成することを目指す。
		知識及び技能	(1)対象や事象を捉える造形的な視点について自分の感覚や行為を通して理解するとともに、材料や用具を使い、表し方などを工夫して、創造的につくったり表したりすることができるようにする。
		思考力、判断力、表現力等	(2)造形的なよさや美しさ、表したいこと、表し方などについて考え、創造的に発想や構想をしたり、作品などに対する自分の見方や感じ方を深めたりすることができるようにする。
		学びに向かう力、人間性等	(3)つくりだす喜びを味わうとともに、感性を育み、楽しく豊かな生活を創造しようとする態度を養い、豊かな情操を培う。

美術の目標			表現及び鑑賞の幅広い活動を通して、造形的な見方・考え方を働かせ、生活や社会の中の美術や美術文化と豊かに関わる資質・能力を次のとおり育成することを目指す。
		知識及び技能	(1)対象や事象を捉える造形的な視点について理解するとともに、表現方法を創意工夫し、創造的に表すことができるようにする。
		思考力、判断力、表現力等	(2)造形的なよさや美しさ、表現の意図と工夫、美術の働きなどについて考え、主題を生み出し豊かに発想し構想を練ったり、美術や美術文化に対する見方や感じ方を深めたりすることができるようにする。
		学びに向かう力、人間性等	(3)美術の創造活動の喜びを味わい、美術を愛好する心情を育み、感性を豊かにし、心豊かな生活を創造していく態度を養い、豊かな情操を培う。

題材目標は、「知識及び技能に関する目標」、「思考力、判断力、表現力等に関する目標」、「学びに向かう力、人間性等に関する目標」として示されます。また、これらの3つの資質・能力は、互いに関連し合います。つまり、目標も互いに関連づけながら育成していくということです。

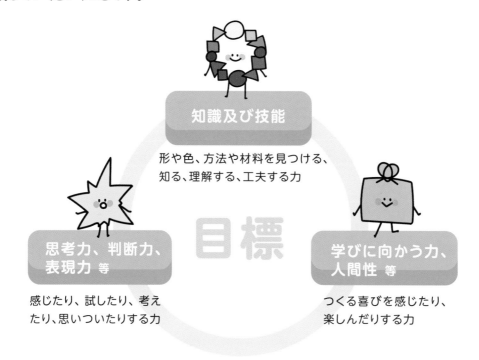

知識及び技能

　表したいことをもとに自分の感覚や行為を通して造形的な視点を理解したり（知識）、手や身体全体の感覚を働かせて表し方を工夫したり（技能）する視点から目標を設定します。子どもが「気づいたこと」を活かしながら表し方を工夫したり、また「工夫すること」から気づいたりするプロセスを大切にします。つまり、知識と技能を相互に関連させながら、資質・能力を育むことになります。

思考力、判断力、表現力 等

　造形的なよさや美しさ、表したいこと、表し方などについて考えたり（発想や構想）、自分の見方や感じ方を深めたり（鑑賞）する視点から目標を設定します。
　子どもが「何のために（主題等）or なぜ」、「何を」、「どのように」表すのかを考え、試行錯誤することが重要になります。
　また、鑑賞活動では、「自分の見方や感じ方を広げる」ことが目標となります。自他の作品などの鑑賞を通して、よさや面白さ、工夫したところを見つけたり、イメージをもったりすることが大切です。さらに、自他の作品だけではなく、小学校低学年では身近な材料なども鑑賞対象となります。それらの造形的な面白さや楽しさ、表したいこと、表し方などについて、一緒に感じ取ったり考えたりしていきましょう。

学びに向かう力、人間性 等

　つくりだす喜びを味わい、楽しく主体的に学習をする視点から目標を設定します。こうした資質・能力は、特定の内容を通して育むというより、表現や鑑賞、全指導を通して育成していくものになります。そのため、子どもが主体的に楽しい、挑戦したい、面白いと思えるような題材研究を行うことがとても大切です。

図工・美術の造形的な見方・考え方※9

図工・美術の教科で大切にしている視点や考え方のことです。例えば、同じ「ペットボトル」を対象としても、各教科の見方・考え方を働かせるととらえ方が異なります。算数・数学科の場合はペットボトルの数量や図形及びそれらの関係などに着目するかもしれませんし、生活科の場合はペットボトルと自分との関わりに着目するかもしれません。図工・美術の場合は、「形が丸いものと四角いものと色々あって面白い」、「へこんだ形がたくさん並んでいるよ」など、形や色などの造形的な視点からペットボトルの課題や可能性をとらえていきます。さらに、「形が細長いから横にするとクジラみたい！」、「透明だから、色水を入れて並べたいな」など自分のイメージをもちながら意味や価値をつくりだすことが求められます。

子どもたちに必要無駄をさせればいいのです

佐藤忠良（彫刻家）

　芸術というのは、人生の必要無駄だと、私は思っているのです。義務教育の美術の時間があるのは、子どもたちを全部絵描きにするためにやっているわけではないでしょうから、うんと子どもたちに必要無駄をさせればいいのです。そして、うんと失敗をさせてみること。大学の学生を見ているといかに無駄なことをしてこなかったかというのがよくわかるのです。

　（中略）美術の時間は、ぜんぜん少ない。そうなればなぜ図工科が必要か、ということが問われることになります。

　図工科の目的が、人間をつくる──感ずる心を開き、情緒や意志を育てていく──ためにあるのだったら、たとえ、週に一時間でも必要だと言えるでしょう。

佐藤忠良『子どもたちが危ない─彫刻家の教育論─』岩波書店、1985年 より引用

どのような活動をするのか

　図工・美術で学ぶ内容は、大きく表現活動（表す活動）と鑑賞活動（見て感じたり考えたりする活動）に分かれています。小学校では、表現活動は「絵」、「立体」、「工作」、「造形遊び」などがあります。中学校・高等学校では、「絵」、「彫刻」、「デザイン」、「工芸」などがあります。鑑賞活動は、「自他の作品や材料（自然物や人工物）」、「日本や諸外国の美術作品や文化遺産、伝統や文化、生活の中の美術の働きや美術文化など」が対象となります。

　表現及び鑑賞の活動は学習活動であり、目標を達成するための「手段」として位置づけられます。内容をもとに題材研究を行い、題材を通して子どもがどのような姿になってほしいのかを具体的にイメージしていきましょう。

評価について

　評価の目的を理解し、子どもの成長や授業改善に活かしていきましょう。

　題材には目標が設定され、その3つの資質・能力の目標に対応して、教員は評価を行います。

　評価の目的は、子どもに相対的に優劣をつけることや順位や差をつけることではありません。評価とは、子どもの学習状況を的確にとらえて、教員の指導改善に役立てたり、子どもが自らの学びを振り返って次の学びにつなげたりするために行われます。つまり、子どもにとっても、教員にとっても重要な意味をもちます。子ども自身の振り返りとなるだけでなく、教員にとっても自身の指導や子どもの実態を把握し直すための機会となるのです。

特別支援学校の図工・美術の目標

特別支援学校では前述の通り、各教科に準じて、学年ごとに目標を設定します。P12

知的障害のある子どもの図工・美術の授業では、子どもの実態に合わせて、段階別に目標や内容などが示されています。小学部は3段階、中学部は2段階、高等部は 2段階で示されています。これは、同一の学年であっても個々の実態が様々であるため、段階を設けて示した方が、実態に即して効果的に指導支援しやすいためです。

小学校 学習指導要領（図画工作）より （平成29年告示）

目標		表現及び鑑賞の活動を通して、造形的な見方・考え方を働かせ、生活や社会の中の形や色などと豊かに関わる資質・能力を次のとおり育成することを目指す。		
	知識及び技能	(1)対象や事象を捉える造形的な視点について自分の感覚や行為を通して理解するとともに、材料や用具を使い、表し方などを工夫して、創造的につくったり表したりすることができるようにする。		
	思考力、判断力、表現力等	(2)造形的なよさや美しさ、表したいこと、表し方などについて考え、創造的に発想や構想をしたり、作品などに対する自分の見方や感じ方を深めたりすることができるようにする。		
	学びに向かう力、人間性等	(3)つくりだす喜びを味わうとともに、感性を育み、楽しく豊かな生活を創造しようとする態度を養い、豊かな情操を培う。		
学年ごとの目標		第1学年及び第2学年	第3学年及び第4学年	第5学年及び第6学年
	知識及び技能	(1)対象や事象を捉える造形的な視点について自分の感覚や行為を通して気付くとともに、手や体全体の感覚などを働かせ材料や用具を使い、表し方などを工夫して、創造的につくったり表したりすることができるようにする。	(1)対象や事象を捉える造形的な視点について自分の感覚や行為を通して分かるとともに、手や体全体を十分に働かせ材料や用具を使い、表し方などを工夫して、創造的につくったり表したりすることができるようにする。	(1)対象や事象を捉える造形的な視点について自分の感覚や行為を通して理解するとともに、材料や用具を活用し、表し方などを工夫して、創造的につくったり表したりすることができるようにする。
	思考力、判断力、表現力等	(2)造形的な面白さや楽しさ、表したいこと、表し方などについて考え、楽しく発想や構想をしたり、身の回りの作品などから自分の見方や感じ方を広げたりすることができるようにする。	(2)造形的なよさや面白さ、表したいこと、表し方などについて考え、豊かに発想や構想をしたり、身近にある作品などから自分の見方や感じ方を広げたりすることができるようにする。	(2)造形的なよさや美しさ、表したいこと、表し方などについて考え、創造的に発想や構想をしたり、親しみのある作品などから自分の見方や感じ方を深めたりすることができるようにする。
	学びに向かう力、人間性等	(3)楽しく表現したり鑑賞したりする活動に取り組み、つくりだす喜びを味わうとともに、形や色などに関わり楽しい生活を創造しようとする態度を養う。	(3)進んで表現したり鑑賞したりする活動に取り組み、つくりだす喜びを味わうとともに、形や色などに関わり楽しく豊かな生活を創造しようとする態度を養う。	(3)主体的に表現したり鑑賞したりする活動に取り組み、つくりだす喜びを味わうとともに、形や色などに関わり楽しく豊かな生活を創造しようとする態度を養う。

特別支援学校 小学部 学習指導要領（図画工作）より （平成29年告示）

目標		表現及び鑑賞の活動を通して、造形的な見方・考え方を働かせ、生活や社会の中の形や色などと豊かに関わる資質・能力を次のとおり育成することを目指す。		
	知識及び技能	(1)形や色などの造形的な視点に気付き、表したいことに合わせて材料や用具を使い、表し方を工夫してつくることができるようにする。		
	思考力、判断力、表現力等	(2)造形的なよさや美しさ、表したいことや表し方などについて考え、発想や構想をしたり、身の回りの作品などから自分の見方や感じ方を広げたりすることができるようにする。		
	学びに向かう力、人間性等	(3)つくりだす喜びを味わうとともに、感性を育み、楽しく豊かな生活を創造しようとする態度を養い、豊かな情操を培う。		
段階別の目標		1段階	2段階	3段階
	知識及び技能	ア 形や色などに気付き、材料や用具を使おうとするようにする。	ア 形や色などの違いに気付き、表したいことを基に材料や用具を使い、表し方を工夫してつくるようにする。	ア 形や色などの造形的な視点に気付き、表したいことに合わせて材料や用具を使い、表し方を工夫してつくるようにする。
	思考力、判断力、表現力等	イ 表したいことを思い付いたり、作品を見たりできるようにする。	イ 表したいことを思い付いたり、作品などの面白さや楽しさを感じ取ったりすることができるようにする。	イ 造形的なよさや美しさ、表したいことや表し方などについて考え、発想や構想をしたり、身の回りの作品などから自分の見方や感じ方を広げたりすることができるようにする。
	学びに向かう力、人間性等	ウ 進んで表したり見たりする活動に取り組み、つくりだすことの楽しさに気付くとともに、形や色などに関わることにより楽しい生活を創造しようとする態度を養う。	ウ 進んで表現や鑑賞の活動に取り組み、つくりだす喜びを感じるとともに、形や色などに関わることにより楽しく豊かな生活を創造しようとする態度を養う。	ウ 進んで表現や鑑賞の活動に取り組み、つくりだす喜びを味わうとともに、感性を育み、形や色などに関わることにより楽しく豊かな生活を創造しようとする態度を養う。

5 授業づくりに取り組もう

ここでは、実践例を用いながら、授業づくりのプロセスや内容について3つの段階（授業前・授業中・授業後）に分けて解説します。
※なお、「教科別の指導」として実施する授業に焦点をあてて説明します。

授業づくりで大切にしたいこと

授業づくりに不安を感じている方やその方法がわからないと思っている方もいるかもしれません。まずは、授業づくりに取り組む前に、意識したり理解したりすべきことについて考えてみましょう。授業づくりの中で特に重要となるのが、教員の題材研究に取り組む力です。

❶ 障害種ごとに題材が決められているわけではない

教員は、子どもの実態をもとに題材で育成する資質・能力を設定し、題材研究に取り組みますが、特別支援学校で実施すべき題材が決められているわけではなく、障害種ごとに題材が決められているわけでもありません。授業は、教員と子どもの間の協働による営みであり、常に変化するものです。教員には、対象となる子どもの実態や時代や社会の動向に合わせて、常に新しい題材を提案し研究していく力が求められます。

第3章では様々な題材を紹介しますが、障害種ごとには区分していません。題材研究について理解を深めた上で、対象の子どもの実態に合わせてアレンジするなどして、紹介されている題材を改善していってもらいたいと思います。

❷ 子どもが主体的に取り組める題材の重要性

教員の思い込みによって子どもの存在が置き去りになってしまうような一方的な題材をつくるのではなく、対象の子どもに寄り添いつつ、子どもが主体的に取り組めるような題材を検討していきましょう。

図工・美術の授業では、個の特性に着目することで、個の可能性を広げていくことができます。ただし、それには様々な工夫が必要となります。これらの工夫については、後程、事例を用いて詳しく解説します。

❸ 子どもを観察して関わろう

　子どもが主体的に取り組める題材を検討するためには、学校生活の様々な場面で子どもの様子を観察し、関わることがとても重要です。図工・美術の授業中だけではなく、他の授業や休み時間、給食の時間など、学校生活のあらゆる場面で子どもの豊かな特徴を見たり感じたりすることができます。

　多様な視点で実態把握を心がけると、図工・美術のヒントが見つかるはずです。

❹ 教員自身が表現したり鑑賞したりしよう

　題材研究で大切にしたいことは、教員自身が表現や鑑賞の活動に取り組んでみることです。実際に取り組み、表現や鑑賞の魅力を感じながら、目標や内容を設定し、その達成のための具体的な題材を検討します。さらに、子どもの興味・関心、学校行事、生活に合わせて、どのようなテーマを設定するのか、また合わせてどのような材料や用具を使用するのかを自身が体験しながら、検討していきます。

　自らが学習（表現や鑑賞）活動に取り組むことは、題材の可能性や子どものつまずきの理解につながります。担当の子どもの実態を把握した上で、自らが体験しながら、題材の可能性を探っていきましょう。

❺ 一緒に考えよう

　特別支援学校では、TTによる指導形態をとっています。題材研究の際にも、一人で考えるだけではなく、色々な教員と一緒に話したり考えたりして検討していくとよいでしょう。

　図工・美術の題材研究では、教員の専門性や指導力などの経験が大きく影響してきます。これまでお互いに取り組んできた題材について、成果と課題などを共有することも効果的です。一緒に考えることで、対象となる子どもの実態を多角的にとらえることができたり、個々の経験が集約され新たなアイデアが生まれるなど題材研究がさらに深まったりすることが期待できます。

　また、教員だけではなく子どもとの関わりの中でも、授業の目標や方法が変化します。子どもの姿から、授業づくりを柔軟にとらえ、変化させつつ深めていくことも重要です。

授業を準備しよう

❶ 授業づくりのプロセスをイメージしよう

授業づくりを考える際、全体のイメージをとらえることがとても重要です。また、3つの段階（授業前・授業中・授業後）に分けて考えると理解しやすいです。

この授業づくりのプロセスは、小中学校や高等学校も同様ですが、特別支援学校において特徴的な点もあります。例えば、「個別の指導計画」と授業づくりの関連を常に意識・確認しながら進めていくことや、図工・美術の授業における子どもの実態把握の仕方、題材研究の考え方などです。子どもの実態把握を含む題材研究については、以下の通り様々なポイントがあります。

授業前 ▶ 授業中 ▶ 授業後

授業前
- 年間指導計画の作成
- 個別指導計画の作成
- 各題材の具体的な **題材研究**

授業中
- 題材の実践
  P46

授業後
- 評価
- 授業改善
  P52

題材研究のポイント

1 子どもの**実態把握**をしよう
2 目標を設定しよう
3 学習形態を工夫しよう
4 活動内容を考えよう
5 指導計画を作成しよう
6 材料や用具を工夫しよう
7 指導支援方法を工夫しよう
8 参考資料の準備をしよう
9 環境設定を工夫しよう
10 評価規準や方法を検討しよう

ポイントは、それぞれが切り離されるものではなく、相互に関連し合いながら深められるものです。1 から 2、3 …と順番に考えていくこともできますが、これらに強い順序性があるというわけではありません。例えば、6 材料や用具から題材研究をはじめ、2 目標を設定することも可能ですし、7 指導支援方法を検討しながら 9 環境設定を工夫することも可能です。

互いのポイントが相互に関係し合っていることや授業の3つの段階でそれぞれのポイントを柔軟にとらえて修正改善していく必要があります。授業前だけではなく、授業中や授業後も同様です。

題材研究の取り組み方について
ポイントをもとに説明していきます P28

❷ 指導計画を作成しよう P36

　授業を行う前に指導計画を作成しましょう。年次指導計画や年間指導計画、学期ごと、月ごと、題材ごとなど指導計画の種類は様々なタイプがありますが、対象となる子どもに合わせて指導計画を立て、学習の見通しをもったり、シミュレーションをしたりすることが大切です。一般的には、年単位で指導計画が作成されます。〈注2〉

　また、通常学級では、学年ごとに指導計画を作成しますが、特別支援学校においても学年や学習集団である学級もしくはグループごとに作成する場合が多いです。資質・能力や各題材を点としてとらえるのではなく、題材同士の関連性を考えながら学びのつながりを意識して、目標を設定したり、指導内容を検討して題材を配列したりするようにしましょう。

〈注2〉院内学級などでは、入院期間が短いため、在籍期間が短くなることがあり、年間指導計画を作成できない場合もあります。そうした場合、対象の子どもの状況に合わせて、指導計画を設定する必要があります。

❸ 学習指導案を作成しよう P44

　ポイント **1**〜**10** を意識して題材研究に取り組みながら、学習指導案を作成しましょう。学習指導案は、授業のシナリオ（台本）といえるものです。子どもの実態にもとづいて、「何ができるようになるのか（育てたい資質・能力）」、「何を学ぶのか（内容）」、「どのように学ぶのか（方法）」について、記載します。

　学習指導案を作成することで、教員は目標や活動内容を明確にでき、また TT の教員とそれらを共有し、題材の価値や指導支援の方法などを確認することもできます。自身の考えを整理したり、他者と共有したりすることができるため、わかりやすく示すことが重要となります。

ポイント❶〜❿に沿って 題材研究に取り組もう

　特別支援学校では、対象となる子どもの実態が多岐にわたるため、ポイントごとに理解を深めたり、考え方を理解したりしておく必要があります。これらの工夫について、筆者が実際に行った「はっけん！海の生きもの」（以下、本題材と記す）を事例として、題材研究の取り組み方について、❶〜❿のポイントをもとに解説します。

題材 はっけん！ 海の生きもの

内容 ビニールシートを2枚貼り合わせて、身近な材料で中身を入れて生き物をつくる

題材研究に取り組もう **ポイント 1** 子どもの**実態把握**をしよう

　題材研究を行う際、最も重要になるのが子どもの実態把握です。題材研究を始める前には、様々な視点から実態把握を行っていきましょう。障害のある子どもを対象とする場合、障害等による心身上の困難さや困り感に着目しがちです。しかし、表現や鑑賞の活動では、子どもの障害等から生じる困難さを子どもの可能性に変化させることが可能です。

　「○○ができないから表現することは無理だろう」と考えるのではなく、「○○という特徴や実態があるから、色々な表現の可能性が広がる」というように実態のとらえ方や考え方を転換していきましょう。これは、子どもの心身上の困難さや困り感を無視すればよいという意味ではありません。正しく実態を理解することは、可能性を広げていくためにもとても重要です。また、実態把握は、授業前のみならず、授業中や授業後にも行い、子どもの学びや教員の授業改善につなげていくようにしましょう。

　実態把握の視点は、対象となる子どもや目標及び内容などにより様々です。子どもの実態から目標や内容を検討することもありますし、目標や内容から子どもの実態をとらえ直したりすることもあります。下記に図工・美術の授業づくりで、把握しておきたい視点をあげました。様々な実態の子どもが一緒に学習に取り組む一斉学習の場合は、集団全体と個別の実態を把握しておくとよいでしょう。

　教員による実態把握の方法については、色々な方法が考えられます。日常生活や教科の学習活動の行動観察を通して行ったり、個別の指導計画や教育支援計画、心理検査をもとに行ったりすることもできます。また、一人で行うのではなく、他の教員や保護者と情報共有することもとても重要です。どれか一つの方法を用いて行うのではなく、多角的な視点で、子どもの実態をとらえていきましょう。

Aさんの実態
（重度重複障害児）

認知
音や言葉などの刺激をとらえることができる。好きな色がある。

運動
力が弱いが手首や手のひら、指を動かすことができる。疲れやすく、指先での細かい動きに苦手意識がある。

コミュニケーション
言語によるコミュニケーションはとれないが、表情や身体の動きで気持ちを伝えようとする。人と関わりたい気持ちがある。

健康状態
人工呼吸器を装着しているが、日中の体調は安定している。興味があることに意欲的に取り組むが心理的に不安定になるときがある。

Aさんの実態から考えると、全てを自立活動に替えた指導ではなく、図工の視点から目標や内容を考えることができそうだ。

Aさんはピンク色が好きだから、ピンク系の材料を準備したいね。指先を動かすことができるからそのよさを活かしたいね。

実態把握方法	実態把握の視点				
① 行動観察	運動認知	障害や発達の状態	概念的スキル	言語発達	学習技能
② 個別の指導計画 教育支援計画	集中力・体力	健康状態	学習や経験状況 既習事項	図工・美術	自立活動
③ 他者との共有 （教員・保護者）	形・色 諸感覚	興味 関心 意欲	社会的スキル	対人関係	集団行動
④ 心理検査		得意なもの 苦手なもの	実用的スキル	生活習慣	運動機能

題材研究に取り組もう　ポイント 2

目標を設定しよう

❶ 子どもの実態に寄り添った目標を設定しよう

　担当する子どもの実態把握を行い、既に学んだ内容との関連も踏まえながら、目標を設定しましょう。「準ずる教育」を行う場合は、図工・美術の学習指導要領をもとに学年別に目標を設定します。知的障害のある子どもには、学年別ではなく段階別に目標を設定します。段階別に目標を設定することで、子どもの実態（発達や理解状況など）に合わせて、目標や内容を選択して、指導を行うことができます。なお、障害等が重い場合は、自立活動を主とした学習となるので、自立活動と教科の関連性を意識しつつ目標を設定することになります。いずれも目標は3つの観点で整理して考えましょう。P19 ▶

❷ 集団学習の場合、全ての子どもに汎用性の高い全体目標を設定しよう

　多様な実態の子を対象に同一題材を実践する場合、集団全体の目標として全ての子どもに汎用性の高い目標を立てるとよいでしょう。

　例えば、異学年合同で実践した本題材の場合は、クラス全体の目標（観点別評価）は小学校低学年に合わせて設定しました。年齢や障害等の実態に広がりがある場合は、学年が低く、障害等の状態が重い子どもに合わせると全員参加型の授業を実施しやすくなります。なお、集団全体の目標とは別に、個の実態（学年、障害等の状態）に合わせて、個別の目標を別途設定することも可能です。通常学級の授業では、学年ごとに同一の目標を設定し目標達成を目指しますが、特別支援学校の場合は全体と個別の実態を把握しつつ、目標設定を行っていきます。

❸ 目標の設定は柔軟に行おう

　教員は、授業前に子どもの実態を把握して目標（全体や個別）を設定します。しかし、授業実施時の子どもの状態を見ながら、柔軟に組み替えていくことも必要になります。健康状態や障害等の状態が安定せずに、日々変化する子もいます。大切なことは、目の前の子どもの状態に寄り添い、授業時の目標や指導支援を柔軟にとらえていくことです。子どもの実態を把握した上で、集団全体の目標や個別目標を考えていきましょう。右ページでは、本題材の実践にあたり様々な子どもの実態を想定しています。目の前の子どもの実態に合わせて目標を設定してみましょう。

集団全体の実態

- 病弱の学習集団（院内学級）
- 体力的に長時間の活動ができない
- 点滴や車いすにより行動が制限される
- 手や指の力が弱い
- 生活・学習経験が少ない傾向にある
- 個別学習が多い
- 異学年の子どもたち

小学校低学年

全体目標の検討

知識及び技能
- 材料や用具の特徴に気づいてもらいたい
- 様々な材料を手にして、色々な感じ方を働かせてほしい
- 材料の特徴を生かして、材料や形・色の組み合わせを工夫して表そうとしてほしい

思考力、判断力、表現力 等
- 「生き物をつくる」ことから表したいものやことを見つけてほしい
- 様々な材料、形や色に出会って、表したいことを考えてほしい
- 形や色に自分なりの意味をもってほしい

学びに向かう力、人間性 等
- 自分から、材料を探したり、用具を使用したりしてほしい
- 学習を楽しんでほしい

目標は「ビニールシートなどの身近な材料を触るときの感覚や行為を通して形や色に気づく」だな。あとは…

Bさんの実態（小学部2年生）

- 点滴をしているため、上半身を動かすことが難しく、可動域が狭い
- 入院期間が長いため、全身の筋力が弱く、指先の力が入りにくい
- 幅広い材料に出会い、選んだりつくったりした経験が少ない
- ふわふわした質感（綿など）が好き
- 工作には意欲的に取り組む
- 個別学習が多い

小学校低学年

Cさんの実態（小学部6年生）

- 車いすを使用しているため、立ち上がったり、身体を前に傾けたりしにくい
- つくりたいもののイメージをもつことに苦手意識をもつ
- 治療の関係で、集中力が続きにくい
- 長期入院のため生活・学習経験が少ない

小学校高学年

個別目標の検討

知識及び技能
- ふわふわした質感が好きだが、様々な質感の材料の魅力にも気づいてほしい
- 片手で触るだけではなく、可能な範囲で両手を使って材料の質感や重さ、温度などを感じてほしい
- 補助具を使用して自分で切ることに挑戦させたい

思考力、判断力、表現力 等
- 様々な材料の形や色の特徴から、表したいことを見つけてほしい
- テーマから表したいことを見つけてほしい
- 他作品の魅力を見つけてほしい
- 普段は個別学習が多いので、集団学習では自他の作品の魅力に気づいてほしい

学びに向かう力、人間性 等
- みんなと学習することを楽しんでほしい

個別目標の検討

知識及び技能
- 様々な材料に出会い、諸感覚を働かせながら、その違いや特徴を理解してほしい
- つくりたいものや活動に応じて、材料や用具を選んだり組み合わせたりして表し方を工夫してほしい
- 補助具やUDの用具を活用しながら、表現方法を工夫してほしい

思考力、判断力、表現力 等
- 参考資料や作品を見たり触ったりして、自分の表したい生き物のイメージを広げてほしい
- 様々な材料を触ったり組み合わせたりしながら、表し方を工夫してほしい
- 他作品の工夫点や表したいことを理解し、自分の見方や感じ方を深めてほしい

学びに向かう力、人間性 等
- テーマや参考作品などから、つくりたいものを考えることを楽しんでほしい
- 表現することや鑑賞することの楽しさや可能性に気づいてほしい

P44

題材研究に取り組もう　ポイント3　学習形態を工夫しよう

❶ 様々な学習形態を柔軟に取り入れよう

　授業では、子どもの実態を把握した上で学習形態（個別、グループ、一斉など）を設定します。筆者がこれまで提案・実践してきた題材の多くは、様々な形態が混合しているものでした。そこでは導入での説明やふりかえりは一斉に実践し、活動中は子どもの様々な実態やニーズに対応するためにグループや個別による指導支援に取り組むというようなことを行ってきました。

　例えば、病院に入院している子どもの場合、教室に通学できずベッドサイドで授業を実施することがあります。そうした場合は個別指導が中心になります。本題材では、普段から個別学習になりがちであるという課題から、複数の異学年（小1〜6）の集団で授業を実施しました。様々な実態の子どもたちに個別に指導支援することも重要ですが、学校という場で友達や教員と共に「ものやこと」を豊かにつくりだす学習活動に取り組む機会を積極的に設けていくことも重要です。図工・美術の授業では共につくる機会を柔軟に設定することができます。

　特別支援教育では、対象となる子どもの実態は多岐にわたります。一つの学習集団の中に、多様な実態の子どもがいることが、当然のこととして受け入れられています。集団での授業実施が難しく困難になるととらえられるかもしれません。しかし、多様な実態を包み込むような題材を開発することが図工・美術の授業では可能です。

❷ 座席配置の工夫

　座席配置に関しては、子どもたちの身体上の実態や人間関係、学習過程で期待する相互作用を考えながら、検討していくとよいでしょう。

　本題材では、安心して活動に取り組める環境をつくるため、コミュニケーションの機会が多い子ども同士が近い座席になるように、年齢が近い学年ごとに座席を配置しました。

　また、年齢の近い学年のみならず、異学年でもお互いに見たり話したりできるように、向かい合わせになるようにしました。

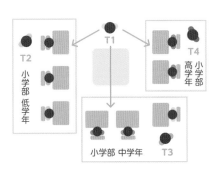

集団で実践する場合は、複数の教員で授業を担当します。T1 は、授業全体の進行と個別の指導支援を担当し、T2〜4 は、担当学年等の子どもの個別指導やグループ指導を担当します。T1 が集団を俯瞰しつつ、授業を進める舵取りのような役割を果たします。

題材研究に取り組もう ポイント4 活動内容を考えよう

❶ 教員の思い込みを転換しよう

活動内容を考える際、思い込みを転換することが重要です。例えば、紙を「きる（断つ・分け離す）」行為を設定する場合、身体の障害がない子どもは用具（はさみなど）を使用して「きる」行為に取り組むことが可能です。しかし、力が弱かったり、身体の動きに制限があったりすると、用具を使用して「きる」ことは難しい場合があります。その場合は、「きる」という活動を子どもの実態に合わせて柔軟にとらえ直す必要があります。

「きる（断つ・分け離す）」ことは、「手」でも可能ですし、「手以外」でも可能です。「きる」ための用具も様々あります。また、補助具を活用することで「きる」活動が可能になる場合もあります。「『きる』ためには、はさみなどを使用しなければならない」という考え方ではなく、「子どものできること」から、「きる」ことをとらえ直していくことが必要です。

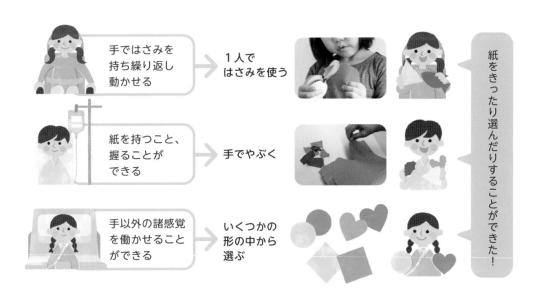

❷ 子どもの実態からテーマを考えよう

活動内容は、子どもの興味・関心や好きなものやこと、障害などの実態や環境などの視点から検討することも大切です。子どもの実態と合わせて、生活と関連させながら考えてもよいでしょう。例えば、季節や年中行事、暮らしに関係するものやことなどです。

本題材の対象の子どもは、入院中のため外出できず、病院外で季節の変化を感じる機会が少ない状況にありました。そのため、外部の出来事と子どもたちをつなぐような

活動の内容を設定したいと考えました。題材名は「はっけん！海の生きもの」として、材料はビニールシートを使用して、テーマから夏や海、プールなどをイメージできるようにしました。子どもの記憶や生活に関連させた活動内容にしました。

❸ 様々な諸感覚や行為からアプローチできるようにしよう

　ポイント**2**で設定した目標を達成するためには、年齢や障害等の状態を越えて表現したり鑑賞したりできるような汎用性の高い活動内容を目標に合わせて提案する必要があります。障害等のある子どもは、ポイント**1**で確認したように、障害等の状態に広がりがあります。活動内容を決定する際、様々な諸感覚（視覚、触覚、聴覚、嗅覚、味覚など）からアプローチできる内容に設定しましょう。

　本題材では、ビニールシートを活用した立体の題材を提案しています。主材料には、ビニールシートを用いました。ビニールシートは、触覚、視覚、聴覚、嗅覚などから子どもにアプローチすることが可能です。広い面を触れば触り心地がつるつるとして気持ちよく、細かく切ると角がチクチク感じられます（触覚）。また、紙とは異なり、透明感があることが特徴です。ビニール越しに見るとまるで水の中にいるような感覚にもなれます（視覚）。また、ビニールを折ったり、丸めたり、擦ったりする音も面白いです（聴覚）。さらに、ビニールの匂いは、夏の水泳で使用するビニールバッグなどを想起させます（嗅覚）。題材で働かせる感覚を限定してしまうよりも、様々な諸感覚を子どもが働かせることができるような活動内容に設定するとよいでしょう。

　加えて、様々な身体能力を発揮できるように工夫するとよいでしょう。子どもの実態は様々です。例えば、障害等により指先が動かしにくい場合、指先を無理に使わなくても他の身体の部位を働かせて表現活動に取り組めるようにするとよいでしょう。表現可能な活動を題材に位置づけます。「結ぶ」、「折る」、「丸める」、「編む」、「やぶく」、「描く」、「切る」など、子どもの実態に応じて、活動を選択できるようにしましょう。本題材では、子どもが様々な身体の動きを利用して、表現活動に取り組めるように配慮しました。指先が動く子は、結んだり、編んだりすることが可能です。指先が動きづらい子は指に材料を巻きつけたりすることで形をつくることができます。様々な活動の広がりを想定して、幅広い活動が可能な題材を設定することが重要です。

　なお、これには材料や用具の選び方にも深く関連します（ポイント 6 P37 ）。

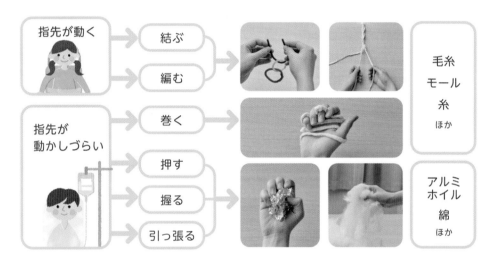

❹ 個別と共同による表現活動の検討

　図工・美術では、題材によって個別に作品づくりを行う場合もありますが、共同で作品づくりに取り組む場合も考えられます。活動や目標、子どもの実態に応じて、学習形態（個別や共同）を検討していきましょう。

　また、障害等の実態に広がりがある場合、共同的な表現活動が困難であるととらえられるかもしれませんが、様々な共同による作品づくりのあり方が考えられます。同時に1枚の絵を皆で描くといった共同制作に取り組む場合もありますし、個別につくったものを合わせて一つの共同作品とする場合もあります。

題材研究に取り組もう　ポイント **5**

指導計画を作成しよう

❶ 表現と鑑賞のどちらの活動も計画に組み入れよう

　図工・美術では、表現活動に重きが置かれがちですが、鑑賞活動も重要です。鑑賞の視点を組み入れると自分の視点（主観）と他者の視点（客観）からつくること、見ること、考えることを繰り返すことができます。表現と鑑賞を相互に関連させて活動できるように指導計画を設定しましょう。

　鑑賞が主体となる題材もありますが、表現が主体となる際も、鑑賞活動を「導入、展開、ふりかえり」の授業過程で随時取り入れるとよいでしょう。本題材を実施した際には、導入で鑑賞を行った後、表現に取り組み、ふりかえりで再度鑑賞を実施するという計画にしました。導入の鑑賞では、活動の見通しをもたせて、ふりかえりでは自他の作品などの魅力に気づかせていきたいです。

鑑賞ポイント

導 入 …… 参考作品を鑑賞する

↓

展 開 …… 他の子どもの作品を鑑賞

↓

ふりかえり …… みんなの作品を鑑賞し自他の作品を振り返る

❷ 他題材や行事とのつながりを意識して計画を立てよう

　授業では、対象となる子どもが見通しをもちながら、学習活動に取り組めるようにしましょう。そのためには、見通しがもてるような学習計画の設定や題材のつながりが大切になります。目標を明確にしたり、年間指導計画や他題材との関連性や学校行事などとの関連性を意識したりして検討しましょう。

4月 仲良くしてほしいな… →共同制作

6月 夏を感じてほしいな… →海をテーマに

1月 お正月を意識して →お正月飾り

❸ 子どもや学校の実態に合う計画にしよう

　障害等のある子どもの中には、体力がなく疲れやすかったり、体調が変化しやすかったりする場合があります。指導計画を立てる際には、子どもの心身の状態の実態を理解した上で題材の時間数を検討していきましょう。例えば、病院内に設置されている院

内学級に在籍している子どもは、心身の状態に加え、入退院の時期が流動的であるほか、近年では短期間で退院する場合も多くなっています。こうした場合、時間をかけた題材にじっくり取り組むことが難しくなるため工夫が必要です。

題材研究に取り組もう　ポイント **6**

材料や用具を工夫しよう

❶ 材料や用具を選ぼう

　材料や用具を選ぶ際、どのような視点で選べばよいでしょうか。材料や用具の準備は、目標や内容とも深く関連します。子どもは、材料や用具に働きかけながら、活動を展開していきます。どのような活動が想定されるのか、期待するのかを子どもの実態と合わせて考えながら、材料や用具を選定し、準備する必要があります。子どもにとって魅力的で、学習効果が期待できる材料や用具を準備しましょう。本実践では、「手や指の力が弱い子ども」を対象としており、「材料や用具に十分に慣れる」ことを目標としています。そのため、手や指の力が弱い子でも積極的に描きやすいように、主材料にビニールシートと油性ペンを準備しました。画用紙に鉛筆やペンで描くよりも、ビニールシートに油性ペンで描く方がつるつるとして滑りやすく描きやすいです。また、ビニールシートは子どもが諸感覚を働かせながら、活動を展開することができます。例えば、ビニール越しに教室の風景を見たり（視覚）、触りながら質感を感じたり（触覚）、プールバッグのような匂いを感じたり（嗅覚）することなどができます。用具についても、身体に合わせたサイズを準備したり、ユニバーサルデザイン（UD）のものを準備したりすることも検討しましょう。

画用紙はペンが滑りにくくて描きにくいな

ビニールはつるつる滑るから描きやすい！

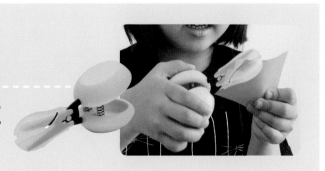

ユニバーサルデザインの
はさみ

力を使わなくても簡単に切ることができるほか、押しても切ることができます。

❷ 色々な材料を図工・美術の視点から見つめ直そう

　日頃から、図工・美術の題材に活用できそうな材料を選んだり、集めたりして、ストックしておきましょう。空き箱やペットボトルのふた、紙切れや布切れなど、集めて保管しておくとよいです。また、ストックするだけではなく、対象となる子どもの実態を想定した上で、集めた材料を使用してどんなことができるのかを試行錯誤してみてください。日常生活で使用しているものの中にも、図工・美術の材料として活用できるものが多いです。一見、造形活動に活用できるのか迷うようなものでも、題材への活用を日頃から意識しておくと、様々な可能性に気づくことができるでしょう。 P60▶

日常生活で使用している、アルミホイル、紙（シュレッダーで細かくしたもの）、綿、モールなど

❸ 材料や用具を加工して使おう

　目標を達成するためは、様々な材料や用具を加工することも検討しましょう。集めるだけではなく、加工して子どもに提示することも一つの方法です。

　例えば、手の力の弱い子どもに購入した粘土をそのまま渡すと、硬くて粘土の形をかえるのが難しいです。教員が事前に粘土を袋から出して柔らかくなるように練っておいたり、子どもが活動しやすい大きさに形をかえたりして提示するとよいでしょう。本実践の場合は、子どもの希望に合わせてビニールシートを様々な大きさに切って準備したり、中に入れる材料も様々な形に切ったりしました。同じ材料でも、切り方や提示の仕方を変化させると、活動の選択肢が広がることがあります。 P64▶

　使用する用具についても、様々な材料から加工してつくることができます。例えば、手づくりのブラシやパレットをつくることもできます。子どもの実態や内容に合わせて、使い勝手のよい様々な用具を手づくりしてみましょう。 P62▶

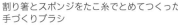

割り箸とスポンジをたこ糸でとめてつくった手づくりブラシ

アルミカップと段ボール板でつくったパレット

❹ 材料や用具の選び方に注意しよう

　材料や用具は子どもの実態に応じて選ぶのはいうまでもありませんが、特に安全面には注意しましょう。障害等の重い子どもや人工呼吸器を装着しているような子どもとの造形活動では、誤飲の可能性があるような小さくて細かい材料などは適しません。また、院内学級では自然物の持ち込みが難しい場合があり、人工物のみを用いた活動となることもあります。また、情緒障害等のある子どもで、情緒不安等を抱える場合、刃物類の使用や準備のタイミングなども、TT の教員と共通理解を図り、確認しておきましょう。いずれの場合も、題材研究時に複数の教員で子どもの実態を把握し、教員が実際に使用したりシミュレーションしたりして、安全面から材料や用具の選び方や使用方法に関する検討を重ねておくことが重要です。

❺ 補助具を検討しよう

　子どもの活動の可能性を広げるためには、実態に合わせた補助具の開発も重要になります。ユニバーサルデザインの用具も販売されていますが、子どもの実態に合った補助具を検討していくようにしましょう。

　本実践では、学習過程において 2 枚のビニールシートをホチキスでとめる活動に取り組んだのですが、手や指の力が弱い子どもにはホチキスを握ってとめる行為が難しいケースがありました。このとき、「できないから諦める」のではなく、子どもの「できること（押す）」に注目し、それを支援する補助具を検討する視点が大切になります。下に示しているホチキスの補助具は、筆者が制作したものですが、土台にホチキスを固定し、ハンドルを上から押すだけで、弱い力でもビニールシートをとめることができ、さらに様々な形状のホチキスに対応できるように設計したものです。子どもにとって用具が使いやすくなるように、補助具の検討に取り組みましょう。

ホチキスの補助具

「押す」行為でホチキスを使ってビニールシートをとめることができるように開発しました。木材と金具、スポンジなどを用いて制作しています。さらに力が弱い子は体重をかけて先生に支えてもらいながら使うことができます。

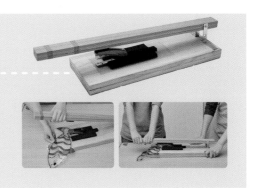

題材研究に取り組もう　ポイント 7

指導支援方法を工夫しよう

❶ 子どもが主体的に取り組めるような手立てを考える

　指導支援の方法に決まりはありませんが、教員が対象となる子どもに寄り添い、子どもが何を感じているのか、何をしようとしているのか、何を伝えたいのかなどを考えながら指導支援方法を工夫することが重要です。まずは、子どもの姿をしっかりと観察したり、話したりしてとらえていくようにしましょう。活動を価値づけて寄り添ったり（共感や受容）、共に創り出したり（共創や創造）、並走しながら共に活動に取り組んでいける教員でありたいです。P72 本実践時に、教室に来ることができたものの、表現活動に乗り気ではなさそうな子がいました。様子を観察していると、まわりの友達の活動をじっと見ながら席に座っていて、教室から出ていくようなことはありませんでした。その様子からこの子は活動は気になっているものの、取り組むきっかけがつかめないのかもしれないと考えました。何かきっかけをつくろうと、一緒に手をとって描くことにしました。はじめは教員主導で描き始めますが、次第に子どもの手が動き始めました。その細かな変化を見取り、指導に生かしていくことが重要です。

❷ 見通しがもてるようなわかりやすい手立てを考える

　指導支援で意識したいのが、見通しがもてるようにわかりやすく伝えることです。子どもの実態によっては活動がイメージしにくいと、不安を感じたり、活動に集中できなかったりすることがあります。そういったときは、全体指導から個別指導へ切り替えるようなアプローチが考えられますし、活動の流れが確認できるコンテンツがあれば一人で活動を進められる子もいるでしょう。コンテンツの例としては、掲示物や手順書を作成しておくことも考えられますし、電子黒板やタブレット端末を活用することもできます。音声や写真・映像を活用した動画を用意すると繰り返し視聴することができます。P80

動画の活用

繰り返し何度も活用できる

手順書の活用

タブレット端末の活用

参考資料の準備をしよう

❶ 参考作品づくりに取り組もう

　題材研究（表現）の際、参考作品づくりも重要となります。参考作品とは、子どもの表現のヒントとなる作品のことだけを指しているわけではありません。ここでは、教員自身が授業を行う前に、子どもの実態と題材の整合性を検討したり、子どものつまずきを想定したりするための作品づくりも指します。参考作品とは「完成作品」のみを示すのではなく、子どものつまずきなどを想定し、その指導支援に活用できるような制作途中の作品も提示できるようにしましょう。

細い形にすると中身を入れづらいんだな。これは子どもに伝えたほうがよさそう。

Bさんだったら、指を使うのは苦手だけど、手のひらで材料を入れることができそうだな。

ホチキスでとめる部分がわかりにくいな。

ビニールの大きさは、もう少し小さく切った方が持ちやすそうかな。

❷ 題材研究のヒントとなるコンテンツ

　図工・美術の題材研究のためのヒントは、様々な場所で見つけることができます。「図画工作」や「美術」の教科書や専門書籍を活用することが考えられますし、教科書会社で材料や用具の使い方などの動画コンテンツが数多く紹介されています。P80▶

　また、地域には様々な施設があります。図工・美術の授業と関連した場所といえば、美術館や博物館、ギャラリーなどがあげられるでしょう。美術館では、常設展や企画展を実施していたり、展示に合わせたイベントを行っていたりします。近年では、ホームページも充実しているので、直接足を運ぶだけではなく、インターネットを通して情報を得ることができます。様々な方法を利用して、地域の施設を活用していきましょう。P78▶

教科書会社制作の動画コンテンツ

美術館で貸し出しているレプリカの作品

題材研究に取り組もう　ポイント **9**

環境設定を工夫しよう

❶ 活動しやすい環境づくり

　障害等のある子どもは、車いすやベッドを利用している場合も多く、移動や身体の動きが制限されることが多くあります。このようなとき、教室の机やいす、黒板、材料の配置の仕方がとても重要になります。多様な実態の子どもたちが参加する場合、可能な限り自主的に材料や用具を手に取り、交流することができるような環境設定を心がけましょう。本実践時は、同じ教室に車いすを使用している子や点滴などを装着している子どもがいました。その状態でも教室内を移動できるようなスペースを確保したり、材料を中央に配置したりして、どの位置からも見えやすいように工夫しました。また、子どもの目線を意識して、車いすやベッドに横になった状態でも、材料や用具が見え、手に取りたくなるような材料の置き方を心がけました。材料や用具は単に集めたり購入したりするだけではなく、すぐに使用できるように整理整頓しておくことも重要です。 P58・71

❷ 個別の環境づくりの工夫

　障害等により活動の困難さを抱えている場合でも、少しの工夫（環境づくり）で活動が促進されることがあります。例えば、上体を前方に動かしづらい子の描画活動の場合、支持体（画用紙など）に角度を少しつけるだけで、描きやすくなります。たったそれだけのことなのですが、こうした少しの工夫が子どもの活動しやすさにつながります。

教員がサポートしている様子

❸ 興味・関心を高める環境づくり

　活動のしやすさだけではなく、テーマに興味をもったり、活動に意欲をもつことができるような環境づくりも大切です。子どもの目線に立ち、教室の環境づくりを行いましょう。本題材の場合、海の中をイメージさせるような飾りを窓に掲示しました。

画用紙を魚の形に切って窓に飾ると海の中のように見える

題材研究に取り組もう ポイント **10** 評価規準や方法を検討しよう

❶ 評価規準を明確にするために目標を再確認しよう

評価とは、子どもに優劣をつけるためのものではなく、子どもの学習状況を的確にとらえて、指導の改善を図ったり、子どもが自らの学びを振り返って次の学びにつなげたりするために必要なプロセスになります。子どもにとっても、教員にとっても重要な意味をもちます。評価を行う際、大切になるのが目標を明確にすることです。教員が題材の目標を見失えば、評価規準を設定することはできません。まずは、目標を再確認して、評価規準を設定してみましょう。

目標			観点別評価規準	
知識及び技能	・ビニールシートなどの身近な材料を触るときの感覚や行為を通して形や色などに気づく。 ・様々な材料や用具などに十分慣れる。 ・身体の感覚などを働かせ、表し方を工夫して表す。	知識・技能	知識	ビニールシートなどの身近な材料を触るときの感覚や行為を通して形や色などに気づいている。
			技能	様々な材料や用具などに十分慣れるとともに、身体の感覚などを働かせ、表し方を工夫して表している。
思考力、判断力、表現力 等	・ビニールシートなどの身近な材料の形や色、材料を触ったときの感覚やテーマなどをもとに表したいことに気づく。 ・形や色に自分なりのイメージをもつ。 ・ビニールシートなどの身近な材料を触って表したい生き物の表し方を考える。 ・自他の作品の造形的な面白さや楽しさについて感じ取ったり考えたりして、自分の見方や感じ方を広げる。	思考力・判断力・表現力 等	発想・構想	形や色に自分なりのイメージをもち、ビニールシートなどの身近な材料の形や色、材料を触ったときの感覚やテーマなどをもとに表したいことを見つけ、表したい生き物をどのように表すか考えている。
			鑑賞	自他の作品の造形的な面白さや楽しさについて感じ取ったり考えたりして、自分の見方や感じ方を広げている。
学びに向かう力、人間性 等	・ビニールシートなどの身近な材料の触感をもとに生き物を表す活動に楽しく取り組み、つくりだす喜びを味わうとともに、形や色などに関わり楽しい生活を創造する。	主体的に学習に取り組む態度		ビニールシートなどの身近な材料の触感をもとに生き物を表す活動に楽しく取り組もうとしている。

❷ 評価方法を検討しよう

評価規準の内容にもとづき評価をする場面についても、子どもの実態に応じて、様々な手法が考えられます。授業前に想定しておきましょう。例えば、観察（授業前・中・後）、子どもの発言（言語、非言語）、作品、ワークシート、作品カードなど様々な評価方法の中から、題材や場面に応じて、子どもの学習状況を評価できる方法を選択していくことが大切です。近年では、ルーブリック※10 を作成し、学習到達状況を評価していく方法もあります。

評価の様々な視点

※10
ルーブリック
観点と尺度を組み合わせた表の形式で学習の到達度を数値で表す評価方法。

学習指導案を作成しよう

題材研究に取り組んだ後は、それを学習指導案に書き起こしましょう。

学習指導案を作成することで、目標や内容が明確になります。また TT の教員とそれらを共有し、題材の価値や指導支援の方法などを相互確認することもできます。自身の考えを整理したり、他者と共有したりするためには、わかりやすく示すことが重要となります。学習指導案の作成では、各項目の関連性を意識することが大切です。各項目は切り離されたものではなく、いずれも関連しています。

※フォーマットは、地域や学校によって違いがあります。本書で示しているのは、一般的なフォーマットです。
※なお、本実践は、小学部低学年〜高学年の児童を対象としており、全体目標は低学年に設定しました。

3 学習形態を工夫しよう **P32**

2 目標を設定しよう **P30**

10 評価規準や方法を検討しよう **P43**

1 子どもの実態把握をしよう **P28**

4 活動内容を考えよう **P33**

7 指導支援方法を工夫しよう **P40**

図画工作科学習指導案

日時　　：XX 年 6 月 20 日 2 校時
実施場所：○○特別支援学校　図画工作室
対象児童：小学部 病弱学級
6 名（第 2 学年 2 名、第 4 学年 2 名、第 6 学年 2 名）
授業者：開隆太郎(T1)／駿河花子(T2)／文京花吉(T3)

1. 題材名：はっけん！海の生きもの
（A表現(1)イ、(2)イ、B鑑賞(1)ア、〔共通事項〕(1)ア、イ）

2. 題材の目標：｜知｜ 知識及び技能　｜思｜ 思考力、判断力、表現力等　｜学｜ 学びに向かう力、人間性等

｜知｜
・ビニールシートなどの身近な材料を触るときの感覚や行為を通して形や色などに気づく。
・様々な材料や用具などのに十分慣れる。
・身体の感覚などを働かせ、表し方を工夫して表す。

｜思｜
・ビニールシートなどの身近な材料の形や色、材料を触ったときの感覚やテーマなどをもとに表したいことを見つける。
・形や色に自分なりのイメージをもつ。
・ビニールシートなどの身近な材料を触って表したい生き物の表し方を考える。
・自他の作品の造形的な面白さや楽しさについて感じ取ったり考えたりして、自分の見方や感じ方を広げる。

｜学｜
・ビニールシートなどの身近な材料の触感をもとに生き物を表す活動に楽しく取り組み、つくりだす喜びを味わうとともに、形や色などに関わり楽しい生活を創造する。

3. 観点別評価規準（全体）：｜知｜知識　｜技｜技術　｜発｜発想・構想　｜鑑｜鑑賞　｜主｜主体的に学習に取り組む態度

｜知｜
ビニールシートなどの身近な材料を触るときの感覚や行為を通して形や色などに気づいている。

｜技｜
様々な材料や用具などに十分慣れるとともに、身体の感覚などを働かせ、表し方を工夫して表している。

｜発｜
形や色に自分なりのイメージをもち、ビニールシートなどの身近な材料の形や色、材料を触ったときの感覚やテーマなどをもとに表したいことを見つけ、ビニールシートや身近な材料を触って表したい生き物をどのように表すか考えている。

｜鑑｜
自他の作品の造形的な面白さや楽しさについて感じ取ったり考えたりして、自分の見方や感じ方を広げている。

｜主｜
ビニールシートなどの身近な材料の触感をもとに生き物を表す活動に楽しく取り組もうとしている。

4. 児童観：

病院に入院していることから、体力的に長時間の活動が難しく、生活や学習経験も少ない。点滴や車いすなどにより行動が制限される子や、手や指の力が弱い子が多い。通常は個人学習の形態で授業が行われることが多い。

5. 題材観：

ビニールシートに油性ペンで海の生き物を描き、それを 2 枚合わせて端をホチキスや両面テープでとめ、様々な材料をビニールシートの中に入れ、クッションのように立体的な形をつくる題材である。作品の大きさや難易度は、各児童の実態に合わせて柔軟に対応できる。病弱の子どもは、生活及び学習経験が少なく、身体的な制限があることが多い。こうした実態を受け、様々な材料、技法との出会いや個人の能力に応じて試行錯誤できる内容となるように考慮した。表現のしやすさや諸感覚を働かせることができるような材料を選んだ。ビニールシートは紙に描くよりも弱い力で描画が可能であり、描き心地もよい。また、その匂いは夏のプールを想起させる。外出が難しい子にも夏の季節を感じてもらいやすいのではないかと考え、そのようなイメージからテーマを海の生き物にした。

6. 指導観：

体調が悪い子や気分が悪く表現活動に取りかかることができない子がいた場合、様子をみつつ、材料や友達の様子を観察したり、材料を選んだりすることから取り組ませる。主体性を尊重しつつ、手をとり一緒に活動することも想定しておく。手の力が弱い子どもが、ホチキスをうまく押せない場合には、教員がサポートしたり、補助具を活用したりする。

【集団全体と個別の目標の記載について】
学習指導案には、集団全体と個別に分けて実態や目標、評価規準などを記載する場合もある。各項目において、まずは集団全体としての実態や目標などを記載し、必要に応じて個別の実態や目標や評価規準などを設定する。

Ⅱ. 目標（個別）：

Ｂさん（２年生）

知	・様々な材料を両手で触るときの感覚や行為を通して形や色、質感、重さ、温度に気づく。 ・補助具を使用してはさみで切ることに慣れる。
思	・ビニールシートなどの材料の形や色、材料を触ったときの感覚をもとに表したいことを見つける。 ・「海の生き物をつくる」テーマから表したいことを見つける。 ・つくりたいもののイメージをもつ。 ・自他の作品の面白さや楽しさを感じ取ったり考えたりし、自分の見方や感じ方を広げる。
学	・友達と同じ教室でつくる活動に楽しく取り組み、形や色などに関わり楽しい生活を創造する。

Ｃさん（６年生）

知	・様々な材料に出会い、感覚や行為を通して形や色、材料の特徴を理解する。

5 指導計画を作成しよう **P36**

6 材料や用具を工夫しよう **P37**

7. 指導計画：
①導　入〈１０分〉　つくりたいものをイメージし、材料や用具の使い方を確認する。
②展開１〈３０分〉　ビニールシートに海の生き物を描き、その形に切る。切った形をホチキスでとめる。
③展開２〈４０分〉　材料を加工して、ビニールシートに入れる。
④ふりかえり〈１０分〉　作品を鑑賞する。

8. 材料や用具：
本体の材料｜ビニールシート、油性ペン
中身の材料｜綿、ストロー、すずらんテープ、紙粘土、色紙、色セロハン、スポンジ、麻ひも、紙テープ、緩衝材（プチプチマットや発泡スチロール）、アルミホイル、毛糸など
活動中に必要な用具｜はさみ、ホチキス、紙コップ、トレイ、両面テープ、補助具など

9. 環境設定：

```
┌─────────────┐
│ ┌─────────┐ │
│ │材料・用具│ │
│ └─────────┘ │
│   ┌─────┐   │
│   │教卓 │   │
│   └─────┘   │
└─────────────┘
```

9 環境設定を工夫しよう **P42**

【図を用いて表す】
TTでの指導が多いため、事前に計画した学習形態や学習環境について図などを用いて示すとわかりやすい。机の配置、教員の担当、材料や用具の配置などをわかりやすく共有する。電源が必要となる医療機器を装着している子がいる場合、教室の電源の位置を確認する。

10. 展開：

時間	子どもの活動	教員の指導・支援
導入 10分	・材料や用具の特徴や使い方、活動の流れを理解する。 ・テーマや掲示物、参考作品などから、つくりたい「海の生き物」のイメージを広げる。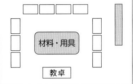	**「今日は海底で発見した海の生き物をつくろう。」** ・学習テーマを伝える。掲示物、材料を紹介しながら、説明する。 ・参考作品や材料や用具を提示する。材料の特徴を感じられるように実際に触れさせるなど諸感覚を使うように促す。
展開１ 30分	・描きたい海の生き物の輪郭線を描いたり、色を塗ったりする。 ・輪郭線の少し外側をはさみで２枚重ねて切る。 ・切った２枚のビニールシートを合わせて輪郭線の上をホチキスでとめる。この際、材料を入れる部分はとめずに、描画した面を内側にしてとめる。	**「ビニールシートを切って、つなげよう。」** ・ビニールシートは同じサイズで２枚準備し、表面と裏面になるようにする。描くものが決まらない子には、参考作品や写真を見せたり、材料に触れたりしながらイメージを広げるための声掛けをする。 ・身体的な問題から、用具などを使用することや材料を加工することが難しい子がいた場合は、一緒につくるなど積極的に支援を行う。車いすで移動が難しい子には、材料などを席まで運び選ぶことができるようにする。様々な材料に出会わせて、諸感覚を働かせて、表現への意欲もつことができるようにしたい。
展開２ 40分	・生き物の中身となる材料を選んだり加工したりする。 ・つくった内容物を入れる。 ・ホチキスでビニールシートを完全にとめる。	**「生き物はどんな体をしているかな。中身を考えてみよう。」** ・自分の作品をイメージしながら、材料を選ばせる。自由に歩ける子どもには個人用のトレイを渡し、中身を選択できるようにする。 ・「ちぎる」「おる」「まるめる」「きる」「やぶる」「つなげる」など材料を加工したり組み合わせたりすることを提案する。 ・適宜、机間指導をして、教員の感じたことを積極的に伝える。
ふりかえり 10分	・自分の活動や作品を振り返る（作品の工夫したところ、頑張ったところ、気に入っているところなど）。 ・発表する。 ・他の人の発表を聞き、友達の作品を見たり触ったりするなどして、作品のよさや魅力を感じる。	・題材のねらいや学習課題を振り返り、共感的に思いを聞いて、声掛けをする。 ・作品が見えやすくなるように提示する。 ・発表の際に、質問するなどして発表を支援する。

8 参考資料の準備をしよう **P41**

【画像を掲載する】
学習指導案に完成作品や制作途中の作品の写真を掲載すると学習内容のイメージがもちやすくなったり、必要な指導支援が明確になったりする。あらかじめ写真に撮って記録しておくとよい。

授業をはじめよう

　授業準備で検討したポイント **1** 〜 **10** をもとに、授業を始めましょう。ここでは、「はっけん！海の生きもの」という題材の実践例を用いて、授業を「導入」「展開」「ふりかえり」の3つの段階に分け、具体的に授業の進め方をイメージしていきます。なお、ここで示すのはあくまで一例です。目の前の子どもに寄り添い、柔軟に対応していくことが大切です。

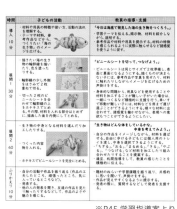

導入　活動内容や目標を伝えて、興味・関心を高めよう

　授業の導入では、子どもの興味・関心や、意欲を高めることが重要になります。学習目標を明確にしつつ、活動内容を子どもへ投げかけましょう。子どもの実態に合わせて、口頭で伝えたり、黒板や掲示物、参考作品などを活用したりしましょう。

※P45 学習指導案より

導入の流れ　ステップ **1**

教 員　　　　　　　　子ども

はっけん！海の生きもの

材料と出会わせる

今日の図工では、様々な材料が準備されていますね。まず、ビニールシートを手に取って、触ってみましょう。

材料から諸感覚を働かせる

お布団みたい

音がおもしろいよ！

つるつるしてて、ひんやりするよ

ビニールシートはどんな感じがするかな。

ビニールの匂いでプールを思い出すよ

透かしてみると水の中にいるみたい

他にも色々な材料があるね。

ふわふわの綿が気になるよ

いろんな色を組み合わせて使ってみたい

完成作品例

【材料の準備】
手前に低い材料を置くなど見えやすいように配置しましょう。 P58

【ビニールシートの準備】
机上での活動を想定した場合、机に合わせた大きさを準備しますが、興味や体調は様々なので、色々な大きさのものを用意しておくとよいでしょう。

教　員	ステップ2	子ども

活動内容や目標を確認する

活動内容 ビニールシートを使って海の生き物をつくろう。

目標 つくりたいものを色々とイメージして、工夫して表現しよう。

ビニールシートを触って何を思いつくかな？

海の生き物のイメージを広げる

海！

プール！

イメージを広げるように促す

海やプールにどんな生き物がいそうかな？
どんなことをしているかな？
泳いでいるかな？
岩陰に隠れているかな？

強くて速い魚！

ピンクの生き物をつくりたいな！

教　員	ステップ3	子ども

活動の流れを伝える

今日の活動の流れは

❶「描く」
❷「切る」
❸「とめる」
❹「選ぶ」・「つくる」
❺「入れる」

の5つです。

【板書の仕方】
黒板の位置や高さなど、子どもの目線から見えるように配置したり文字の大きさを考えて書いたりしましょう。

「はっけん！ 海の生きもの」

もくひょう 海の生きものをイメージして、くふうしてつくろう。

今日のかつどう
①ビニールシートにかく
②ビニールシートをきる
③ビニールシートをホチキスでとめる
④ざいりょうをえらぶ・つくる
⑤ざいりょうをいれる
⑥かんせい

参考作品を鑑賞する

気になる作品はあるかな？

このピンクの魚がおしゃれ！
私も素敵な生き物をつくってみたい！

ビニールが透明だから、この作品のように好きなものを選んで入れることができるんだ。

【タブレット端末などの活用】
文字が読みにくい子には、タブレット端末などで、見たいところを拡大するなど、実態に合わせて活用しましょう。P80

【提示する参考作品例】
参考作品を準備します。様々な実態の子どもが取り組めるように幅広い事例を示します。P41

展開　子どものできることを増やそう

　展開では、個別の指導支援のあり方が重要となります。活動への興味・関心を高めていく声掛けや身体の状況に合わせた指導支援、事前に想定した個別のつまずきに応じた指導支援を行うように心がけましょう。声掛けでは、結果だけではなく活動過程も価値づけて認めていくことや「いいね」だけではなく具体的によさを伝えることが重要です。

時間	子どもの活動	教員の指導・支援
導入 10分	・材料や用具の使い方、活動の流れを理解する。 ・テーマや材料、夢 つくりたい「海の 生き物」のイメージを広げる。	「今日は海底で発見した海の生き物をつくろう」 ・学習テーマを伝え、場所物、材料を紹介しながら、説明する。 ・参考作品や材料や用具を提示する。材料の特徴を感じられるように実際に触れさせるなど質感覚を使うように促す。
展開1 30分	・描きたい海の生き物の輪郭線を描いたり、色を塗ったりする。 ・輪郭線の少し外側をはさみで2枚重ねて切る。 ・切った2枚のビニールの輪郭線を合わせて輪郭線の上をホチキスでとめ、その際、材料を入れる部分をとめずに、描画した面を内側にしてとめる。	「ビニールシートを切って、つないでみよう。」 ・ビニールシートは同じサイズで2枚準備し、表面と裏面になるようにする。描くものの決まらない子には、参考作品や写真を見せたり、材料に触れたりしながらイメージを広げるための声掛けをする。 ・身体的な困難から、用具などを使用することや材料を加えることが難しい子には、一緒につなぐことが難しい子には、作りやすい組み合わせることが難しい子には、表現への意欲をもてるようにしたい。
展開2 40分	・生き物の中身となる材料を選んだり加工したりする。 ・つくった内容物をビニールシートにつめる。 ・ホチキスでビニールシートを完全にとめる。	「生き物はどんな体をしているかな。 中身を考えてみよう。」 ・自分の作品をイメージしながら、材料を選び、自由に歩ける子どもには個人用のトレイを渡し、中身を選択できるようにする。「ちぢする」「ねる」「まるめる」「きる」「やぶく」「つなげる」など材料を加工したり組み合わせたりできることを提案する。 ・適宜、机間指導をして、表現し感じたことを称賛することができるようにしたい。
ふりかえり 10分	・自分の活動作品を振り返る（作品の工夫したところ、頑張ったところ、気に入っているところなど）。 ・他の人の発表を聞き、友達の作品を見たり触ったりするなどして、作品のよさや魅力を感じる。	・材料のねらいや学習課題を振り返り、共感の心を聞いて、声掛けする。 ・作品が完成した喜びを味わえるようにする。 ・発表の際に、質問されるなどして発表を支援する。

※P45 学習指導案より

　授業を準備する段階で、子どもの実態から様々な想定をしていますが、当日欠席者が出たり、子どもの心身の状況が不安定であったりなどすることがあります。教員は常に目標を意識しながら柔軟に対応していくことも必要になります。

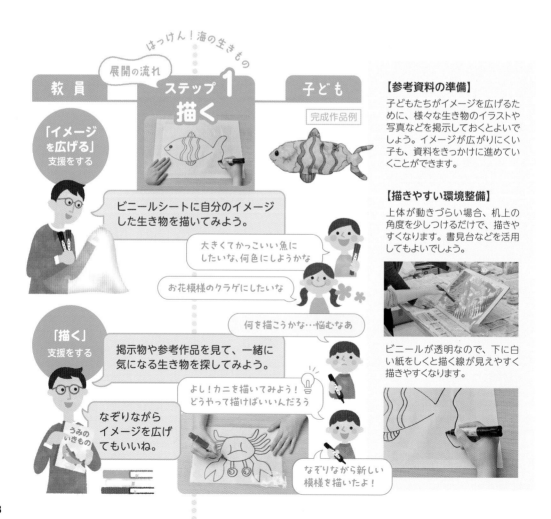

はっけん！海の生きもの

展開の流れ

教員　ステップ1 **描く**　子ども

完成作品例

「イメージを広げる」支援をする

ビニールシートに自分のイメージした生き物を描いてみよう。

大きくてかっこいい魚にしたいな、何色にしようかな

お花模様のクラゲにしたいな

何を描こうかな…悩むなあ

「描く」支援をする

掲示物や参考作品を見て、一緒に気になる生き物を探してみよう。

よし！カニを描いてみよう！どうやって描けばいいんだろう

なぞりながらイメージを広げてもいいね。

うみのいきもの

なぞりながら新しい模様を描いたよ！

【参考資料の準備】
子どもたちがイメージを広げるために、様々な生き物のイラストや写真などを掲示しておくとよいでしょう。イメージが広がりにくい子も、資料をきっかけに進めていくことができます。

【描きやすい環境整備】
上体が動きづらい場合、机上の角度を少しつけるだけで、描きやすくなります。書見台などを活用してもよいでしょう。

ビニールが透明なので、下に白い紙をしくと描く線が見えやすく描きやすくなります。

教員	ステップ**2** 切る	子ども

「切る」ための**安全指導**を行う

同じ形に2枚切りましょう。はさみなどの刃物を使うときは、けがをしないように注意しましょう。

UDのはさみを使ったよ

うーん、うまく切ることができないなあ

先生と一緒に切ってみよう。

ビニールシートを先生に持ってもらったよ

先生に手伝ってもらったり、一緒に練習したりして、きれいに切れたよ！

【子どもを観察する】

活動中は、子どもの動き、表情などをじっくりと観察しましょう。観察から、はさみで切る行為が難しいと判断した場合は、事前に切ったものをいくつか準備しておき、それらの形から選ぶことも考えられます。子どもの実態に応じて、設定した目標に照らし合わせながら活動を検討しましょう。

【補助具の活用】

題材研究で検討した補助具を使用しましょう。はさみやホチキスを使用する際に活用されると、子どもの活動が促進されることがあります。

ステップ**3**
とめる

「とめる」支援をする

先生に持ってもらったらとめられたよ

先生と一緒にとめたよ

2枚のシートを重ねて、輪郭線の上をホチキスでとめていきましょう。中身を入れるので、全部とめないように注意しましょう。

「材料選び」「加工する」支援をする

ステップ**4**
材料を選び入れる

ふわふわの綿が気になるから使おう！

紙やセロハンや紐…いろんな材料を選んだよ

気になる材料を選んで、中に入れていきましょう。そのまま入れたり、材料を組み合わせたり、いろいろ試してみましょう。

綿を水切りネットに入れてから、作品に入れたよ

スポンジをアルミホイルで包んだよ

材料を入れたら最後までホチキスでとめましょう。

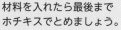

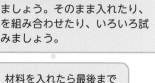

ふりかえり　表現や考え方を共有して、作品を価値づけよう

　ふりかえりでは、題材の活動内容と目標の振り返りを行いましょう。

　また、活動過程での学びや完成作品を価値づけていくようにしましょう。鑑賞の場では、子どもの表現や考え方の共有を積極的に行うとよいでしょう。子どもが積極的に発表したり、友達と交流したりできるような時間にしましょう。口頭による発表が可能であれば積極的に発表を行いますが、それが難しい場合でも教員が説明を加えるなどして発表を支援していきましょう。

※P45 学習指導案より

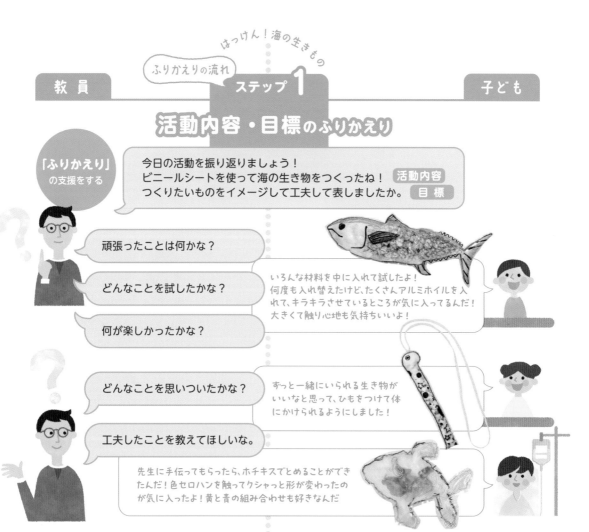

はっけん！海の生きもの

ふりかえりの流れ

教員　　　ステップ 1　　　子ども

活動内容・目標のふりかえり

「ふりかえり」の支援をする

今日の活動を振り返りましょう！
ビニールシートを使って海の生き物をつくったね！ 活動内容
つくりたいものをイメージして工夫して表しましたか。 目標

頑張ったことは何かな？

どんなことを試したかな？

いろんな材料を中に入れて試したよ！
何度も入れ替えたけど、たくさんアルミホイルを入れて、キラキラさせているところが気に入ってるんだ！
大きくて触り心地も気持ちいいよ！

何が楽しかったかな？

どんなことを思いついたかな？

ずっと一緒にいられる生き物がいいなと思って、ひもをつけて体にかけられるようにしました！

工夫したことを教えてほしいな。

先生に手伝ってもらったら、ホチキスでとめることができたんだ！色セロハンを触ってクシャっと形が変わったのが気に入ったよ！黄と青の組み合わせも好きなんだ

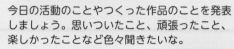

教員	**ステップ2 作品鑑賞**	子ども

「発表する」
支援をする

今日の活動のことやつくった作品のことを発表しましょう。思いついたこと、頑張ったこと、楽しかったことなど色々聞きたいな。

大きな海を泳ぐ長くてカッコいい魚をつくったよ！アルミホイルでうろこを一つ一つ表現したよ！背骨をストローでつくって折れ曲がらないように工夫したよ

カッコよくかかれていて素敵だな…体がキラキラして、ピンクの色もきれいだね！

「発表を聞く」
「感想を言う」
支援をする

Bさん、頑張った部分を指してみよう。

色セロハンの面白い形やきれいなところを見てほしいな

Bさんは、魚の形をよく見て描いていますね。色も黄と青を中心に使用して、深い海の色をイメージしたのですね。

形が面白いな！私も次に挑戦したいな

【発表の工夫】
発表時に、作品が他の子から見えづらい場合や自分で提示できないことがあります。子どもの目線を気にかけながら、鑑賞活動に取り組みましょう。教員が手にとり、見えやすい位置で示すなど工夫しましょう。 **P74**

【ICTを活用しよう】
活動過程や作品を撮影して、電子黒板やタブレット端末などで共有しながら、鑑賞会を行うこともできます。特に、活動過程の試行錯誤や工夫は、ICTを活用すると伝えやすいです。 **P80**

電子黒板を使って

タブレット端末を使って

ステップ3 片付け

「片付ける」
支援をする

片付けをしましょう。
基本的に、種類ごとに材料置き場に戻しましょう。再度使えるものだけを戻すようにしましょう。

机の上で種類ごとに整理することでもよいでしょう。

【片付け】
実態に合わせた片付けに取り組みましょう。

授業後

❶ 評価や授業改善に取り組もう

　授業後は、全体目標や個別目標を意識しつつ授業を振り返り、評価や授業改善に取り組みましょう。評価は、子どもの作品に優劣をつけるものではないので、完成作品のみを評価することのないようにしましょう。活動内容や目標に対して、どのような資質・能力を授業で育んだかといった学びを価値づけていきます。

　評価は、教員の指導支援の改善にも役に立ちます。評価を通して、教員が目標や内容や指導方法などを見直し、授業改善につなげていきましょう。 P43

P43

　評価を行う際、TT の教員と共に、多角的な視点から子どもの表現を共有していくことを大切にしましょう。授業過程における様々な子どもの様子を共有して、価値づけていきましょう。子どもの表現は、見えやすいものから見えにくいものまで幅広くあります。また、体調や障害等の状況により評価を柔軟にとらえていく必要もあります。

目標		観点別評価規準	
 知識及び技能	・ビニールシートなどの身近な材料を触るときの感覚や行為を通して形や色などに気づく。 ・様々な材料や用具などに十分慣れる。 ・身体の感覚などを働かせ、表し方を工夫して表す。	知識・技能 / 知識	ビニールシートなどの身近な材料を触るときの感覚や行為を通して形や色などに気づいている。
		知識・技能 / 技能	様々な材料や用具などに十分慣れるとともに、身体の感覚などを働かせ、表し方を工夫して表している。
 思考力、判断力、表現力 等	・ビニールシートなどの身近な材料の形や色、材料を触ったときの感覚やテーマなどをもとに表したいことを見つける。 ・形や色に自分なりのイメージをもつ。 ・ビニールシートなどの身近な材料を触って表したい生き物の表し方を考える。 ・自他の作品の造形的な面白さや楽しさについて感じ取ったり考えたりして、自分の見方や感じ方を広げる。	思考力・判断力・表現力 等 / 発想・構想	形や色に自分なりのイメージをもち、ビニールシートなどの身近な材料の形や色、材料を触ったときの感覚やテーマなどをもとに表したいことを見つけ、表したい生き物をどのように表すか考えている。
		思考力・判断力・表現力 等 / 鑑賞	自他の作品の造形的な面白さや楽しさについて感じ取ったり考えたりして、自分の見方や感じ方を広げている。
 学びに向かう力、人間性 等	・ビニールシートなどの身近な材料の触感をもとに生き物を表す活動に楽しく取り組み、つくりだす喜びを味わうとともに、形や色などに関わり楽しい生活を創造する。	主体的に学習に取り組む態度	ビニールシートなどの身近な材料の触感をもとに生き物を表す活動に楽しく取り組もうとしている。

 ・表したいものを形や色を工夫して表そうとしていたね。
・手で触りながら、材料の特徴を感じていたね。じっくりと色も選んでいたよ。

 りゅうさんへの評価

 活動内容やテーマや材料からつくりたいものをイメージしていたね。

 主体的に材料を探したり諸感覚を通して感じたりして楽しんでいたね。

 授業全体の**改善点を**検討しよう

活動内容の視点	目標の視点	指導支援の視点
ビニールを触りながら、季節にも強く興味を示していたな。季節をテーマにした題材を考えてみたいな。	触覚に加えて聴覚や嗅覚などもより働かせるとさらに気づきが広がりそうな様子だったな。次は香りがよい材料や音の鳴る材料なども選んでみよう。	はさみに使い慣れてきた子は、今度は教員の補助なしに挑戦させてみたいな。

❷ 作品展示やアーカイブ化

　授業後には積極的に作品展示に取り組んでいきましょう。授業中だけではなく、授業後に様々な人に学びの成果を鑑賞してもらう機会は、子どもにとって貴重な場となります。鑑賞を通して、様々な人と交流していけるようにしましょう。

　個別につくった作品だとしても、展示方法によって共同作品として展示することも可能です。また、完成作品だけではなく、活動の様子や子どもの思いが伝わるように、写真や言葉なども掲示するとより学びの様子が伝わりやすくなります。

　校内での展示では、教室内や廊下などの共有スペースでの展示などが考えられます。

　作品は撮影データで保存し、記録として整理しておきましょう。

共同作品の展示

　個別につくった作品を集合させて、共同作品にしました。作品は軽いので貼り付けて展示することができます。台紙は、模造紙に色紙を貼って海を表現しました。白い紙を切って泡も貼り付けました。

　作品を撮影した写真を台紙に貼り付けてもよいでしょう。

諸感覚で感じよう

　展示作品を鑑賞者が諸感覚を働かせながら鑑賞できるように工夫するとよいでしょう。見る展示にするだけではなく、触ったり、音を聴いたり、匂いをかいだりなど、色々な工夫が考えられます。

ICTの活用

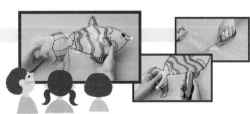

　活動の様子や作品を撮影してショートムービーを作成してみましょう。授業の振り返りや展覧会時などで鑑賞します。P80

タブレット端末で共有する

　タブレット端末で、お互いの作品や活動の様子を共有します。感想を付箋で書き込むことができるアプリケーションなどもあります。

Bさんの作品のよいところを書こう！みんなの作品、とても素敵だな

友達が活動している様子が見られるよ！写真を拡大すると工夫している様子がよくわかるね

作品ギャラリー

「夢みるメンダコ」
高さ27cm

A さん

「メンダコの形のビニールシートを選びました。ペンで色をつけずに、メンダコの体の中に、色々な材料を入れて色をつけました。スパンコールがキラキラしていてきれいです。」

描くことが難しいため、教員が準備した形（魚やメンダコ）から好きなものを選びました。中に入れる材料は好きな色を選びました。

「ビリビリフィッシュ」
全長29cm

B さん

「色セロハンがクシャっとなる感触とその形が好きだったので、中に入れました。黄と青の組み合わせも気に入っています。」

手を握る力が弱い子ですが、ゆっくりと色セロハンを握って形をつくり、中につめていました。色セロハンは弱い力でも握って形がつくれます。普段は紙に描くことが難しいですが、油性ペンとビニールシートを使って描くことができました。

「ブルーブルー」
全長39cm

「水色のネットに綿を入れたものを作品の中に入れました。こうすると、青い綿みたいに見えます。色々な種類のネットに綿を入れました。目の向きも考えながら描きました。」

材料を触りながら、材料の質感を楽しんでいました。綿が気に入り、綿のよさを生かしたり他の材料と組み合わせたりといった工夫をしていました。

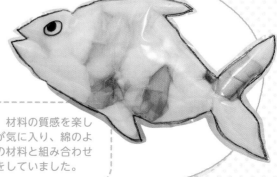

「はっけん！ 海の生きもの」でつくった
作品例を紹介します。実態に合った工夫を
することで、多様な表現の魅力が見えてきます。

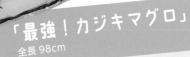

「最強！カジキマグロ」
全長 98cm

「カジキマグロをつくりました。体が折れ曲がらないよう
に背骨にはストローを入れました。うろこの感じを出し
たかったので、アルミホイルを丸めてつくっています。」

この作品は、長さが1m近くあります。大きな作品に挑
戦したければ、このような作品をつくることも可能です。
つくりたい魚の形を色々と試してつくっていました。魚
の形や色の塗り方など様々な工夫が見られます。

「不思議ポケットのある
　　おしゃれな魚ちゃん」
全長 41cm

Ｃさん

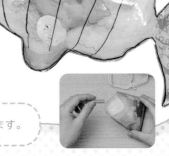

「ビニールのつるつるした触り心地や透明感から
ポケットを思いつき、キラキラした材料からアクセサ
リーを身につける魚の姿を考えました。このおしゃれ
な魚ちゃんはアクセサリーが大好きなので、いつも不思
議ポケットの中にアクセサリーを入れて泳いでいます。」

中の袋がきれいに見えるように、材料の入れ方を工夫しています。

「ピコピコアナゴ」
高さ 28cm

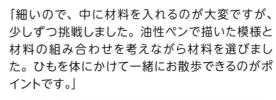

「細いので、中に材料を入れるのが大変ですが、
少しずつ挑戦しました。油性ペンで描いた模様と
材料の組み合わせを考えながら材料を選びまし
た。ひもを体にかけて一緒にお散歩できるのがポ
イントです。」

ビニールシートに描いた模様と材料の組み合わせ
を考えながら、慎重に選んだり入れたりしていま
した。黒の油性ペンで模様を描き、中に入れる材
料は白色や青色のものを中心に選んでいました。

「センス・オブ・ワンダー＝神秘さや不思議さに目を見はる感性」
を授けてほしい

レイチェル・カーソン
（生物学者）

　子どもたちの世界は、いつも生き生きとして新鮮で美しく、驚きと感激にみちあふれています。残念なことに、わたしたちの多くは大人になるまえに澄みきった洞察力や、美しいもの、畏敬すべきものへの直感力をにぶらせ、あるときはまったく失ってしまいます。

　もしもわたしが、すべての子どもの成長を見守る善良な妖精に話しかける力をもっているとしたら、世界中の子どもに、生涯消えることのない「センス・オブ・ワンダー＝神秘さや不思議さに目を見はる感性」を授けてほしいとたのむでしょう。

　この感性は、やがて大人になるとやってくる倦怠と幻滅、わたしたちが自然という力の源泉から遠ざかること、つまらない人工的なものに夢中になることなどに対する、かわらぬ解毒剤になるのです。

　妖精の力にたよらないで、生まれつきそなわっている子どもの「センス・オブ・ワンダー」をいつも新鮮にたもちつづけるためには、わたしたちが住んでいる世界のよろこび、感激、神秘などを子どもといっしょに再発見し、感動を分かち合ってくれる大人が、すくなくともひとり、そばにいる必要があります。

　（中略）わたしは、子どもにとっても、どのようにして子どもを教育すべきか頭をなやませている親にとっても、「知る」ことは「感じる」ことの半分も重要ではないと固く信じています。

　子どもたちがであう事実のひとつひとつが、やがて知識や知恵を生みだす種子だとしたら、さまざまな情緒やゆたかな感受性は、この種子をはぐくむ肥沃な土壌です。幼い子ども時代は、この土壌を耕すときです。

　美しいものを美しいと感じる感覚、新しいものや未知なものにふれたときの感激、思いやり、憐れみ、賛嘆や愛情などのさまざまな形の感情がひとたびよびさまされると、次はその対象となるものについてもっとよく知りたいと思うようになります。そのようにして見つけだした知識は、しっかりと身につきます。

　消化する能力がまだそなわっていない子どもに、事実をうのみにさせるよりも、むしろ子どもが知りたがるような道を切りひらいてやることのほうがどんなにたいせつであるかわかりません。

レイチェル・カーソン、上遠恵子訳『センス・オブ・ワンダー』新潮社、1996年 より引用

第2章

指導方法の工夫

1 学習環境づくりを工夫しよう

　子どもが題材への意欲を高めたり、取り組みやすく安全に活動したりするためには、環境設定の工夫はとても重要です。子どもの視点に立って、実態に合わせた環境づくりにチャレンジしましょう。

材料の置き方の工夫

子どもがつくりたいものに合わせて、自由に材料を選べるように配置しましょう。様々な子どもの視線の位置を意識して、材料を配置しましょう。

トレイがあると材料を取りやすくて、保管しやすいね

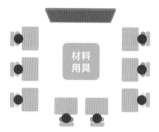

共通で使用する材料や用具は見やすく、手に取りやすい場所に置くとよい

様々な子どもの位置から材料が見えるように、段差をつけて置いている。透明な容器に入れているので、真横からでも材料を見ることができる

ワクワクする材料の提示とは

材料は購入してきてそのまま子どもに渡すのではなく、手に取ってみたくなるような置き方をしてみましょう。材料の特徴を生かして提示するとよいでしょう。

お皿やフォークなどが印刷された紙の上に置かれている！おいしそうに見えるよ

線がふわふわしていて雪みたい！作品に使いたいな

室内の設定

いつでも材料を使えるようにわかりやすい収納を目指しましょう。整理整頓は、安全指導の視点からも重要です。

> ！ いつも同じ場所に片付けておくと、子どもたちも材料や用具を活用しやすいです。刃物類の管理には、特に気をつけましょう。子どもの実態に応じて、管理方法を検討しましょう。

黒板だけではなく、移動式のホワイトボードも活用しましょう。黒板の内容を簡単にまとめ、子どもの近くで提示したり、参考作品を飾ったり、空間を区切ったりすることもできます。

ホワイトボードで空間を区切る

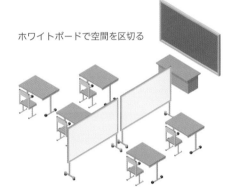

絵を描く活動では、支持体の角度や置き場所によって、描きやすさが変化します。

上体を動かしづらい子の場合、書見台などで支持体に角度をつけてあげるだけで、描きやすくなる。

車いすなどの場合、支持体によっては、机上に置くよりも、床に置いた方が描きやすい場合もある。

装飾づくり

題材に合わせて教室を装飾すると、より題材の雰囲気を感じられたり、内容を理解するきっかけにしたりすることができます。様々な子どもの実態に合わせて、楽しいという気持ちを喚起させ、「活動に参加したい！」「楽しそうだ！」と思ってもらえるような工夫をしてみましょう。

2 材料を選ぶ

図工・美術では、生活の中にある様々な身近なものが材料になります。身のまわりにあるものを図工・美術の視点から見つめ、材料としての可能性を探りましょう。担当の子どもたちの実態や授業の目標を意識すると、さらに材料の可能性を広げることができます。

材料を 図工・美術の 視点 から見つめ直そう

図工・美術の造形的な視点から身近なものを見つめ直すと、表現活動で活用できそうなものが色々とあることに気づきます。

紙コップは描画材料としても使えるので、工夫してみよう。

すべり止めシートは細かく切って入れたら、ふかふかして厚みが出そうだな。使ってみよう！

他にも探してみよう

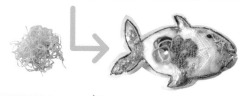

ビニール	布	糸・ひも	発泡スチロール	自然材料	木材

自然材料 → 題材 P116

ビニール・布・糸・ひも → 題材 P100
題材 P102

発泡スチロール → 題材 P112

木材 → 題材 P106

みぢかなざいりょうでつくる
ふしぎなわく星

にぎって まきつけて さかせる
フラワーガーデン

きって かさねて はりつけて
カケラから広がる
光のせかい

色んなかんじ
楽しい木のせかい

子どもの実態から材料を選ぼう

どんな準備を
しようかな

対象の子どもの実態や目標から、様々な諸感覚を働かせる
ことができる材料を選んでいきましょう。

身体全体を動かすことが難しい
が、手先を動かすことができる

様々な質感などを
楽しむことができ
る材料を用意して
おく。触りやすく
加工してもよい。

オレンジ色が好き

オレンジ色の画用紙や
毛糸、描画材料などを
意識して用意しておく
と活動意欲につながる。

手の力が弱い

加工しやすい材料
（ちぎりやすい紙や
柔らかい粘土など）
を用意しておく。

多様な感覚を働か
せることができる

聴覚

こすると
キュッキュッと
音がするよ！

触覚

ふわふわして
気持ちがいい

嗅覚

木のいい
匂いがする！

視覚

キラキラして
きれい！

加工・工夫をしやすい材料
切る、折る、ちぎる、
丸める、結ぶ など

装飾性がある
鮮やかな色
キラキラした質感

作品に厚みをもたせることができる
綿、ネット、すずらんテープ、
毛糸、フェルト、お花紙 など

病院内には自然物を持ち
込めない場合があります。
院内学級の場合は確認を
しましょう。

子どもの状態により、誤飲
などの危険性がある場合
は、小さなパーツの使用は
避けましょう。

第2章　指導方法の工夫

③ 用具を工夫しよう

子どもの視点に立って、用具を検討してみましょう。少しの工夫で、子ども自身が活動に取り組めるようになります。

子どものできることを活かす

子どもたちの実態を肯定的にとらえていきましょう。目の前の子どもはどのようなことが得意ですか。子どもの「できること」に着目してどのような工夫ができるか考えてみましょう。子どもが「自分でできた!」と思えるような手立てを考えましょう。

水彩絵の具を使おう

手を細かく動かしづらく、既存のパレットは使用しづらい

筆を握ることができ、大きく動かすことができる →

既存のパレットを変更しよう!深さがあって、混ぜる面が広いと使いやすそうだな。

段ボール板とアルミカップを貼り合わせたパレットは、絵の具を混ぜやすかったよ!

筆を握ることが難しい

手のひらや指、手首を動かすことができる →

筆を握らなくてもよい方法はないかな。指筆なら描くことができそうだ。

指筆やビニール手袋を使って描けたよ!

手の細かな動きが難しい

指先でものをつまむことができる →

つまんで絵の具を垂らせるようなものがあるといいな。

絵の具を入れた醤油<ruby>醤油<rt>しょうゆ</rt></ruby>さしで紙に色をつけたよ!

絵の具のチューブのふたが開けられない

スプーンを握ってすくうことができる →

絵の具を別の入れ物に入れ替えて、スプーンですくえるようにしよう。

自分で絵の具をパレットに出せたよ!

紙をきろう

紙を「きる」といっても、用具を使う以外にも様々な方法があります。また、子どもの
実態によりはさみで「きる」ことが難しい場合は、他の方法を考えてみましょう。

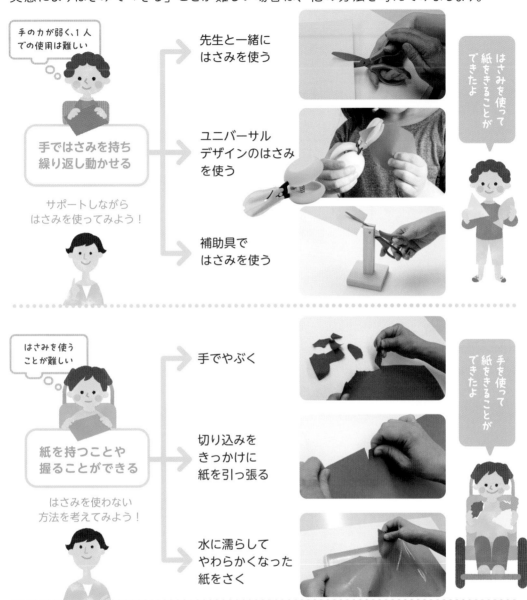

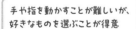

手の力が弱く、1人での使用は難しい

手ではさみを持ち繰り返し動かせる

サポートしながらはさみを使ってみよう！

- 先生と一緒にはさみを使う
- ユニバーサルデザインのはさみを使う
- 補助具ではさみを使う

はさみを使って紙をきることができたよ

はさみを使うことが難しい

紙を持つことや握ることができる

はさみを使わない方法を考えてみよう！

- 手でやぶく
- 切り込みをきっかけに紙を引っ張る
- 水に濡らしてやわらかくなった紙をさく

手を使って紙をきることができたよ

手や指を動かすことが難しいが、好きなものを選ぶことが得意

手以外の諸感覚を働かせることができる

あらかじめきったものを準備しておこう！

いくつかの形の中から選ぶ

好きな形を選ぶことができたよ

第2章 指導方法の工夫

4 材料を加工して提示しよう

材料は、加工するなどの準備によって、その魅力が変化します。購入したままの状態で子どもに提供するだけではなく、切ったり、丸めたり、組み合わせたりなど、一つの材料から表現の可能性が広がるように準備しましょう。

アルミホイル

切ったものを並べると
色々なイメージが広がるよ

丸くて軽くて、
キラキラしてて、
きれいだな！
もっとつくりたいな

小さく切ったり、長く切ったり、丸めたりしました。
丸い形に興味をもってくれそうだ。

すべり止めシート

ひも類

結んだり
ねじったりした
形の違いを
感じられて
楽しいな

細長く切ってみました。シートの状態よりも様々な使い方ができそうだ。

粘土（木粉粘土）

瓶の中に入れたり、
音を聴いたりしたよ

いろんな形を触って違いを
見つけるのが面白いな

木の香りを感じるよ

色々な形にしました。形や音、匂いなど、様々なアプローチができそうだ。

モール

組み合わせてみよう

形をかえたり、
組み合わせたり
してみよう

つなげて引っ張ってみよう

モールで形をつくりました。
丸い形など色々できるね。

紙

雪みたいだよ!
集めて山にしたり、
埋もれたりしたいな

細かい紙を
触ると気持ち
いい

不要な紙をシュレッダーにかけて細
かくしました。材料の新たな可能性
を見つけました!

加工した材料を活用しよう!

魚の中に、いろんな材料を加工して入れたよ!
組み合わせを工夫して、自分の好きな材料を使ったよ

諸感覚を働かせて、
楽しみながら
材料を作品に
入れてほしいな

5 描画材料の種類と特徴を知ろう

　描画材料は、様々な種類があります。絵の具や色鉛筆、ペンなどの描画材料にはそれぞれのよさや魅力があります。特徴や留意点を理解して、表現したいものや用途に応じて描画材料を選んで使用しましょう。

水彩絵の具

- ●児童生徒用として市販されているものの多くは、一般的に水彩絵の具と呼ばれる
- ●水の加減で透明感のある表現になる
- ●白色の絵の具を混色することによってパステル調に表すことができる

水彩絵の具の特徴を生かした表現方法

水でぼかす

水を塗った
上から描く

絵の具が乾いてから
別の絵の具を重ねる

絵の具を重ねなが
ら、にじませる

アクリル絵の具

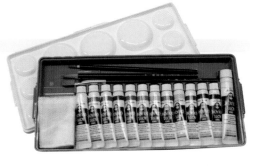

- ●乾いた状態で重ね塗りをすると、下地の色をほぼ隠すことができ、下の色にあまり影響されずに発色する
- ●木や段ボール、布、発泡スチロール、プラスチック、石、空き缶、革などに着彩することができる

- ・乾くと絵の具が固まって取れなくなってしまうので、絵の具がついた筆などは乾かないうちに洗いましょう。紙パレットを使うことも考えられます。
- ・衣服についた場合はすぐに洗いましょう。授業で使用する際は、汚れてもよい服装やエプロンなどを着用させるとよいでしょう。

自作のエプロン　P71

アクリル絵の具の特徴を生かした表現方法

絵の具が乾く前に
別の絵の具を重ねる

絵の具が乾いてから
別の絵の具を重ねる

ビニールシートに描く

共同絵の具

- みんなで使う絵の具のことをいう
- 大きなチューブやパックなどの容器に入っていて、大きな画面に描くときなど、絵の具を多く使うときに便利である
- 共同制作や大きくのびのびと描く活動、手や身体を使って自由に描く活動や造形遊びなどに適している
- 一般的にポスターカラーと耐水性のアクリル絵の具の2種類に分けられるが、様々な種類が販売されている。耐水性や紙以外のものに描けるなど、それぞれの特徴があるので、題材に適したものを選ぶとよい

その他の描画材料

油性ペンや顔料マーカーで、ペットボトルに描く

クレヨン

クレヨンで、ビニール袋やペットボトルに描く

色鉛筆　水性ペン　油性ペン　顔料マーカー

色々な材料を使って

身近にある材料で用具をつくることができます。子どもの実態に合わせて、色々と試してみましょう。まずは、身のまわりで使えそうな材料を探してみましょう。

竹ひごやスポンジなどを組み合わせてつくった用具

紙コップやプラスチックカップでつくったスタンプ

スポイトボトルを使って絵を描くこともできる

⑥ 接着剤の種類と特徴を知ろう

接着剤は、様々な種類があります。特徴を理解して、材料や用途に応じて選んで使用してみましょう。

のり

紙 **布** など

- でんぷんでできたゲル状ののり
- 紙を貼る場合、手軽で安全に使える
- 指先で適量を均一にのばして使うことができる

題材 P118

みんなでさかせる ○○な木

⚠ **のりをつける指**と**紙を持つ指**を決め、紙を持つ指にのりがつかないようにしましょう。

のりをつける指

のりは、紙の端までつける

紙を持つ指

のり下紙

手ふきタオル

液体のり

紙 **布** など

- 液状ののりで、薄い紙の接着に適している
- 比較的乾きが速く、接着も強力である
- のりをつけた面がふやけてしわになってしまうこともある

題材 P90

びりびりべたべた 生まれたよ！ ペーパーアニマル

スティックのり

紙 **布** など

- 固形状ののりを、口紅のように回して出す
- 紙や布などに使える
- 乾きが速く、のりをつけた面にしわはできないが、接着はやや弱い

テープのり

紙 **布** など

- 帯状にのりがつき、紙などに使える
- 指を汚さず、しわができないが、広い面には適さない

木工用接着剤

木 紙 布 など

●木工作、紙工作、手芸など、幅広く活用できる

●接着が強力なので、しっかり接着させるときに使うとよい

●乾くまでに時間がかかるので、固定しておくとよい

題材 P106
色んなかんじ
楽しい木のせかい

題材 P112
きって かさねて はりつけて
カケラから広がる
光の世界

化学接着剤

木 ゴム 革 金属 など

●木、ゴム、革、金属、プラスチックを接着するなど、用途が広く、接着も強力である

●有機溶剤を含んでいるので、火気、換気に注意する必要がある

! ふたを上にして開け、使ったらすぐにふたをしましょう。

グルーガン

紙 革 布
木 発泡スチロール など

●スティック状の樹脂を熱で溶かし、冷めて固まることで接着する

●簡単に接着することができるが、接着はあまり強くない

●高温になるので使用するときにはやけどに気をつける

題材 P104
ぎゅっ ぎゅ じわぁ
おどろきの
ペーパーマジック！

授業の導入の工夫

図工・美術では、これから始まる学習活動への期待を高めていくために、導入がとても重要です。いきなり活動内容を提示するのではなく、子どもが面白そう！ やってみたい！ と思えるような導入に取り組んでみましょう。

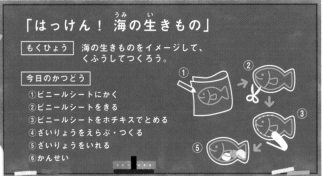

「はっけん！ 海の生きもの」

もくひょう　海の生きものをイメージして、くふうしてつくろう。

今日のかつどう
①ビニールシートにかく
②ビニールシートをきる
③ビニールシートをホチキスでとめる
④ざいりょうをえらぶ・つくる
⑤ざいりょうをいれる
⑥かんせい

今日はビニールシートで海の生き物をつくります。

いきなり活動に入るのではなく、学習への期待を高めるような導入を！

最近、とっても暑くて夏らしくなってきましたね。夏といえば、何を思い浮かべるかな？

夏休み！ スイカがおいしい！

海！ プール！ 泳ぐの大好き！

みんな、夏をテーマに色々と楽しいイメージが広がってきたね！今日の図工で使用する材料は、ビニールシートです！ 触ってみよう。

ビニールシート越しに見ると水の中に潜っているみたいだよ！楽しいな

つるつるしてて、紙と比べて、やわらかいなあ

水泳のバッグを思い出す匂いだよ

日常生活と関連させたり、子どもの諸感覚を働かせたりして、材料やテーマに興味がわくように問いかけましょう。「なんだろう？」「面白そう！」「やってみたい！」を引き出していきましょう。

材料・用具の保管

材料は、透明の容器に入れて保管しておくと、中身が
わかりやすくてとても便利です。また、ベッドに横になっ
ている子に材料を提示する際にも、蓋を閉めたまま、
どの面からでも材料を見せることができます。

保管場所まで歩いてい
けない子のところへは、
ワゴンで材料や用具を
運ぶと便利です。

どれに
しょうかな～

いろんな
材料があって
ワクワクするな

自作のエプロン

様々な材料や描画材料などを使用するた
め、衣類に絵の具などが付くことがありま
す。服に付くことが苦手な子どもに対して
は、専用の作業服を着用して活動を行う
こともできますが、身近にあるものを活用
して、簡単につくることができます。

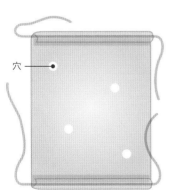

穴 —

ビニールの両端を折ってテープをつけて
接着します。そこに紙ひもやゴムなどを
通して胴体や腕に巻きつけます。
※ビニールは熱がこもるので、穴を複数開けておく

〈腕用〉

〈胴体用〉

材料が服に付くのが
気にならないから
思い切り
絵が描けるよ

7 声掛けのポイント

授業では、様々な声掛けを行いましょう。声掛けといっても、目標や共通事項などを意識したり子どもの活動を活発化させたり、様々な視点があります。子どもの姿をしっかりと観察しながら声掛けの視点を考え、工夫していきましょう。

伝える

導入では、わかりやすく、明確に目標や活動内容を子どもに伝えましょう。また、子どもの活動や作品に対する気づきも伝えていきましょう。教員の気づきから、子どもが自分の作品の魅力に気づくこともあります。

導入はわかりやすく

今日はビニールシートで海の生き物をつくります。目標は「海の生き物をイメージして、工夫してつくろう」です！

気づきを伝える

大きくて、速い魚だよ！キラキラしてて、とっても速いんだ！

速そうだね！キラキラしていて素敵だね。ペンのタッチが水の中を速く泳いでいるように見えるところもいいね。

そっか！ペンであらく描いてみるのがいいと思ったけど、速い感じが出ているんだな

認める・共感する

子ども自身を認めたり、子どもの考えに寄り添って共感したりしましょう。受け止めてくれる先生の存在は、子どもが思い切り活動に取り組むきっかけになったり安心感につながったりします。言葉だけではなく、教員の表情や態度もとても重要になります。

先生も見てみたいな。今までにない色の組み合わせ、楽しみだな。

どんなところを頑張りましたか？自分なりの工夫ができましたね！とても素敵な青い魚だね。

今まで見たことのないような色の組み合わせにしたいんだ！

白色の線を青いネットの中に入れたものを使っているんだ！青くてカッコいい魚をつくったよ

共に 考える

子どもがつまずいているときには、一緒に考えたり、方法をいくつか提示したり子どもが目指していることを一緒に探していくようにしましょう。

先生と一緒に、解決策を見つけてみよう。試しに、カッターナイフを使ってみる？

やってみたい！

はさみで切っても思うような形にならないよ

共有する

活動の工夫や作品の魅力、疑問やつまずきを共有して、気づきや学びにつなげていきましょう。

リュウさんが、悩んでいるんだけど、何かよい方法はないかな？

小さく切ってつなげていくといいよ！

共に 深める

活動の工夫や頑張ったところなどに気づかせたり、気づきを深めたりするようにしましょう。また、そのような問いかけをしていくとよいでしょう。

頑張ったところや工夫したところを探してみよう！

線を青いネットにくるんでいるんだ！すごいね！

青いものが入っているよなんだろう？

見守る・待つ姿勢も大切に

声掛けには積極的に取り組んでほしいですが、子どもが試行錯誤する時間を遮るような声掛けになってしまうこともあります。ときには子どもの様子を見守ったり、待ったりする姿勢が大切です。子どもの姿をしっかりと観察してとらえ、適切な声掛けをしましょう。

いい感じだね！直線で切っていこう

丸い魚にしよう！どうやったら丸く切れるか試してみよう

今は、切る形や方法を試行錯誤しているようだから、声は掛けず、見守っていこう。安全指導については、しっかり声掛けをしよう。

丸く切る工夫を考えていたけど先生に違うことを言われた…どうしよう

⑧ 発表する・展示する

授業中につくった作品などを授業の最後に友達の前で発表したり、学校に展示したりしましょう。自他の作品や活動の魅力に気づくきっかけにしていきましょう。

作品を発表しよう

自分の作品を発表することは、とても大切な活動です。子どもによっては、言葉で発表する子、指をさして伝える子など様々です。子どもに合わせた発表の支援を行いましょう。

お気に入りのところはどこかな。頑張ったところはどこかな。

キラキラしていて素敵〜

アルミホイルを入れてキラキラのうろこのように表しているところが気に入っています

自分の思いや工夫を伝えられて、とても嬉しいな みんなが、素敵だねって言ってくれて、自信がもてるようになってきた

作品を飾ろう

完成した作品を教室や学校内に展示しましょう。色々な人に見てもらうよい機会になります。

> ❗ 作品展示では、子どもの視線になって、展示をしましょう。大人の視線で見える位置では、子どもにとっては見えづらい場合があります。

壁面に展示したり、机上に展示したり、吊るしたりすることもできる。

展示する際、作品だけを飾るのではなく、活動プロセスが伝わるように工夫しましょう。活動の写真を一緒に展示したり、子どものつぶやきや様子を伝えたりしてもよいでしょう。

作品名	「ビリビリフィッシュ」	
2年1組	B	

左手で、時間をかけてせんをかきました。ビリビリと電気を出すこわい魚です。色んな紙などをにぎって形をつくって中に入れました。にぎる強さを変えました。

学校行事と関連づけよう

つくった作品を学校行事（文化祭や生活展など）と関連づけて展示することもできます。行事と関連させると、学校内外の様々な人に学習の様子や子どもの様子を伝えることができます。

生活を彩ろう・使用しよう

完成した作品を家へ持ち帰り、部屋に飾ったり、家族と鑑賞したりしてみましょう。生活を豊かに彩りましょう。

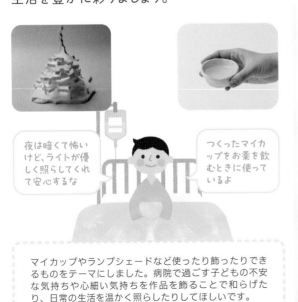

マイカップやランプシェードなど使ったり飾ったりできるものをテーマにしました。病院で過ごす子どもの不安な気持ちや心細い気持ちを作品を飾ることで和らげたり、日常の生活を温かく照らしたりしてほしいです。

9 各教科等と関連づける

　図工・美術と他教科との関連を意識することで、子どもの学びをより広げたり深めたりすることができます。「つながり」をもたせて各教科等と関連づけた授業づくりに取り組んでいきましょう。

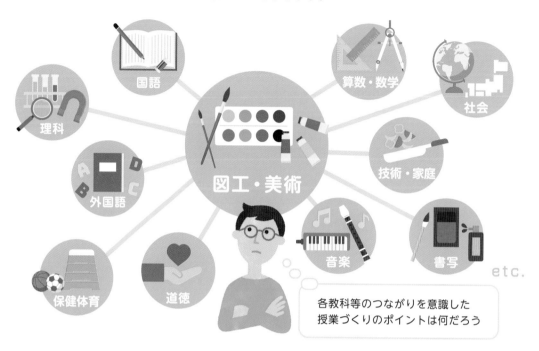

各教科等のつながりを意識した
授業づくりのポイントは何だろう

　各教科等と関連づけて授業づくりに取り組むときは、教員が各教科等の理解を深めることがとても重要です。各教科等の目標や内容をしっかりと理解していきましょう。その上で、各教科等の共通点を見つけることも大切です。共通点を意識しながら授業づくりに取り組むと、各教科等の授業の関連性が強くなり、学びに「つながり」が生まれてきます。

知的障害のある子どもの学習上の特性として、学習によって得た知識や技能が断片的になりやすいことや実際の生活の中で活かすことが難しいと指摘されています。
各教科等の授業が断片的になるのではなく、学びのつながりを意識した授業づくりを通して、学校での学びを生活や社会で活かしていけるようにしましょう。

日本の伝統文化への興味や関心を高めることを目標にしたいな。

図工・美術だけではなく、他教科とも学びを関連づけたいな。

そうだ！家庭科と連携して、日本の伝統的な美術文化の視点から「屏風（びょうぶ）」を、日本の伝統的な食文化の視点から「和菓子」を用いた授業に取り組もう！

屏風

図工・美術

家庭科

練り切り

美術科では、美術作品（屏風）の鑑賞を家庭科では食文化（和菓子）の体験を通して、多角的に学習することで学びを深めていきたいですね。

共通テーマ
季節

美術科と家庭科の共通テーマを「季節」にしてみましょう。日本の伝統や文化は、季節との関連性が強く、子どもも生活を意識しつつ学びを深めることができそうですね。

目標や内容を共有しつつ、各教科等の資質・能力の育成を目指す授業を目指しましょう

自分の生活から日本の美意識や日本らしさについて、関連づけて学ぶことができそうですね。

屏風鑑賞の後に、鑑賞した屏風の前で和菓子の食体験へ

練り切りデザイン・製作
村上陽子（静岡大学）

図工・美術

江戸時代の作品か、金色の背景がとても鮮やかだね！

日本の農作について、描かれているよ！いつの時期の風景かな

学びをつなぐ
学びを繰り返す

家庭科

とてもおいしそうだし、かわいいな

きれいな形や色だね！

今朝、椿の花を学校で見たな

日本の伝統文化（美術文化や食文化）への興味や関心の向上へ

図工・美術の内容から、造形的な視点に気づく子もいますが、
家庭科の内容から気づく子もいます。

⑩ 美術館を活用する

　全国には様々な特徴のある美術館や博物館があります。美術館などを身近に感じてもらう活動に取り組んでいたり、障害等の有無に関係なく多様な人たちが利用できるための工夫を行ったりしている美術館や博物館が増えてきています。授業づくりにも活用していきましょう。　※美術館や博物館によって行っているプログラムが異なる

事前にできること

調べる

題材のテーマに関連する
作品を調べてみよう

〇△美術館に面白い生き物が描かれた作品があるので、導入で関連づけたいな。

本物の作品は形や色、大きさなど、インターネットで調べていたときと違って迫力があるな。

みる

美術館に実際に足を運び、
本物の作品を鑑賞してみよう

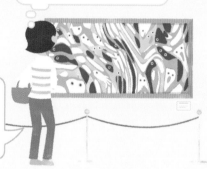

色々な生き物が描かれているので、導入で子どもたちと鑑賞に取り組んで、自分のつくる生き物のイメージを広げてもらいたいな。

借用する

美術館で作品のレプリカなどの教材を借りられる
場合があるので、授業に活用しよう

導入でレプリカを鑑賞すると、画像で鑑賞するよりも作品のよさを感じられるな。

直接触ることができる
教材やレプリカ

鑑賞するためのアートカード

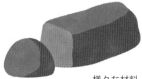

様々な材料

参考に しよう

オンラインで利用できる鑑賞プログラムなどを活用しよう

作品や作者の紹介動画や作品を鑑賞するときの
ワークシート、映像、音声があって、授業で活
用できそう。

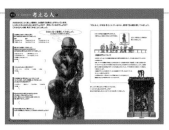

鑑賞で活用できるワークシート

画像や動画、VR

一緒に つくろう

学芸員さんと一緒に授業に取り組もう

専門家と一緒に
授業をつくろう！

美術館や博物館に行く
機会の少ない子どもに
色々な人や作品と出会
わせたいな。

美術館や博物館に全て任せるのではなく、目標を共有した上で
互いに協力して取り組みましょう

＼ オンラインによる授業 ／

＼ 学芸員による出張授業 ／

！ 問い合わせ方法や連絡
方法は美術館によって
異なるので、事前に HP
などで確認しましょう。

静岡県立美術館の学芸員がレプリカ作品を用いて学校で授業を行っている様子

11 ICTを活用する

表現や鑑賞の活動の過程で、ICTを効果的に活用しましょう。ICTを活用する際には、「何のために（目標）」「誰が（活用主体）」「いつ（授業段階）」「何を（内容）」「どのように（実践方法）」などの視点から考えてみましょう。

教員

活用内容
- 題材研究（表現や鑑賞）
- 資料や教具作成（画像、映像など）
- 指導ツール（提示、対話、話し合いなど）
- 評価（ポートフォリオ、アーカイブなど）

授業前

題材研究・作成
打ち合わせなど

インターネットを活用して、どんな材料があるのか、どのような特徴があるのか、色々な情報を得る。

授業を連携して行う美術館のことを調べたり、作品のことを調べたりすることもできる。
学芸員さんとの打ち合わせもオンラインで行うことができる。

授業中

学習指導・支援
外部との連携など

子どもに参考作品を提示したり、手順や技法の動画を見せたりする。

オンラインでゲストティーチャーを呼んで、コラボレーションしながら授業を実践する。

授業後

評価など

子どもの作品や活動過程の写真を残して整理しておくと、いつでも共有ができ、ふりかえりも簡単に行うことができる。

子どもと共有

教員同士で共有

子ども

活用内容	● 表現（カメラ、ビデオ、アプリケーションなど）
	● 鑑賞（画像、映像、インターネットなど）
	● 自他評価（ポートフォリオなど）

授業前　　情報収集など

次の図工・美術の授業で鑑賞する美術作品について、授業前に調べることができる。

> いろんな動物がいておもしろい作品だな

授業中　　表現及び鑑賞の学習など

話を聞くだけでは理解しづらい場合は、活動の手順をタブレット端末で確認しよう。

> 活動の流れのポイントがあるな、まずは①から始めてみよう

材料や用具の使い方について、動画を見て理解しよう。

画像検索をして、描きたいもののイメージを膨らませよう。

> 色々な生き物がいる！模様が面白い！星の模様にしようかな

制作途中の作品や、お気に入りの材料などを記録に残しておくようにしよう。

授業後　　ふりかえりなど

前回つくった作品と比較して難しかった部分や工夫した部分などを振り返り、次回の活動意欲へつなげる。

個別学習

前回の作品　　今回の作品

子どもたちの作品を鑑賞し、工夫した部分を共有する。

一斉学習

こんな子ども どうする？

多様な子どもがいる中で、図工・美術の授業で悩みを抱えている先生方もいるかもしれません。ここではいくつかの事例を取り上げて、解決策を提案します。

1 | 聞くことが苦手な子や見通しをもちづらい子の支援で気をつけたいことは？

話を聞くだけでは内容が理解しづらかったり、見通しをもちづらかったりする子がいます。黒板や掲示物を活用したり、タブレット端末を活用したりすることができます。絵や写真で示したり、箇条書きにしたりするなど子どもの実態にあった伝え方を工夫しましょう。

視覚的に
わかりやすく

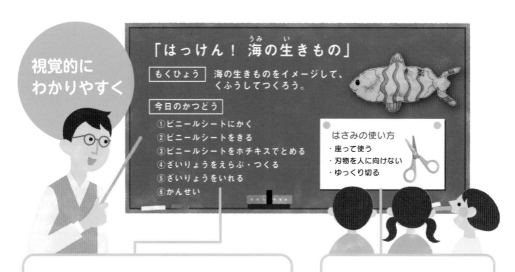

「はっけん！ 海の生きもの」

もくひょう 海の生きものをイメージして、くふうしてつくろう。

今日のかつどう
① ビニールシートにかく
② ビニールシートをきる
③ ビニールシートをホチキスでとめる
④ ざいりょうをえらぶ・つくる
⑤ ざいりょうをいれる
⑥ かんせい

はさみの使い方
・座って使う
・刃物を人に向けない
・ゆっくり切る

活動の流れをカードで示したり、タブレット端末を活用して手元で確認できるとよい

用具の使い方は、他の授業でも活用できるので、掲示物として作成しておくとよい

タブレット端末を活用しよう！

タブレット端末を活用して、用具の使い方について、動画で理解を深めることも可能です。教員が実演をすることも効果的ですが、動画だと余計な情報をそぎ落として見せたい部分に着目させることができます。様々な動画コンテンツがインターネットで紹介されています。動画は何度も繰り返し視聴できる点も魅力的です。

2 | 教室に入れない子の支援で 気をつけたいことは？

教室に入れずに、授業に参加できない子に出会うことがあります。理由は様々ですが、無理に教室の中に入れるのではなく、材料や用具、環境自体を子ども側に近づけていく方法もあります。

ステップ 1

教室に入れない子がいた場合、子どものいる場所に材料・用具などの教室の環境を近づけていきましょう。安心して活動に取り組めるようにするために、どのような工夫が必要なのか検討してみましょう。

△ 子どもを
教室に近づける

◯ 環境を
子どもに近づける

ステップ 2

教室の外で活動に取り組めたら、徐々に人や材料・用具の配置を工夫しながら、教室へ誘導していくことも可能です。無理なく、子どもの様子を観察しながら、指導支援していきましょう。

3 こだわりの強い子どもへの指導支援で気をつけたいことは？

いつも同じモチーフを描いたりつくったり、特定の色や描画材料などを使用して表現活動に取り組んでいる子がいる場合、無理に他のものを勧める必要はないと考えています。子どもの「○○を描きたい」、「○○をつくりたい」「○○の色やペンを使いたい」という意思を大切にしましょう。一方で、様々な世界に出会わせたいとも考えます。子どもに寄り添いながら、新しいものに出会わせることも大切にしましょう。

青い車が好きな **かいさん**

車が好き

青色が好き

子どもの思いを大切にしながら、新しい世界にも出会わせたい

 乗り物が好きそうなので、新幹線などを紹介してみよう

 青色が好きそうなので、材料に取り入れてみよう

車ってかっこいいよね。飛行機や新幹線には乗ったことはあるかな？どこがちがうかな？

ミニチュアの模型を準備して、触ってもらおう！

青色の画用紙に白で描く

青色の色々な描画材料に挑戦！

丸や三角の画用紙

モチーフを選択させる場合、組み合わせをかえたり、位置をかえたり、色々な見せ方をしましょう。どのパターンでも、車を選んでいる場合は「やっぱり車が好きなんだ」とわかります。子どもの気持ちを大切にしつつ、色々と紹介してみましょう！

青い色が好きな子には、画用紙や描画材料の種類をかえて、提供してもよいです。画用紙の形をかえたり、青色の描画材料の準備をしたり、これらを組み合わせることもできます。

4 | 触覚過敏の子どもの支援で気をつけたいことは？

触覚刺激に対して、敏感な子どもがいます。べたべたするものが苦手、特定の材料を触るのが苦手など、そのために授業に集中できず、学習に困難さが生じる場合があります。無理に触らせようとするのではなく、色々と工夫をしてみましょう。

手につくもの、べたべた、ぬるぬるしているものを触るのが苦手だなぁ

ポイント 1

手につきにくい粘土を使用するなど工夫してみましょう。手が汚れにくい粘土も市販されているので、そうした材料を探したり選んだりすることも検討してみましょう。

手が汚れにくい粘土も市販されています

手が汚れにくい ねんど

ポイント 2

直接触るのではなく、ビニール手袋を着用したり、ビニール袋に粘土を入れたりして工夫してみましょう。用具を使用して粘土を成形しやすくすることもできます。

ビニール袋に粘土を入れる

ビニール手袋着用！

ポイント 3

手に粘土などがついたときも、すぐにタオルでふいたり、水で洗い流すことができる準備がしてあると安心して活動できます。活動しているそばにタオルを置く、手洗いの決まりをつくるなど、安心できる環境を整えましょう。

すぐに手を洗ってふける

5 | 活動が止まっている子の支援で 気をつけたいことは？

授業中に、様々な理由から活動が止まっている子に出会うことがあります。子どもの様子を観察したり話をしたりするなどして、子どもの気持ちに寄り添って指導支援を行いましょう。

> 一方的に決めつけた提案になったり、教員のみが活動に取り組んだり、子どもの気持ちを無視した指導支援にならないように気をつけましょう。

活動に参加できていないけど、教室から出ていくことはないから、参加したい気持ちはあるのかも。きっかけをつくってあげるといいのかな。

教員が寄り添う

先生と一緒に挑戦してみよう！

一緒に挑戦するときに、先生が描いたものを描くのではなく、子どもの思いを大切にしましょう。

活動のきっかけづくりのために、一緒につくることもあります。その際、教員が主体になるのではなく、子どもが主体になれるように意識しましょう。子どもの表情や動きなどをしっかりと観察しながら、指導支援を行うことが大切です。

第 3 章

実践例

15 題材

本章の見方と使い方

●題材名
活動の内容を端的に表した題材名を示しています。活動への興味・関心を高めるものとして、子どもたちの実態に合わせてアレンジするのもよいでしょう。

●領域
題材の活動内容を下記の領域で分けて示しています。

絵 立体 工作 鑑賞

●時間数
題材に要する時間数を示しています。あくまでも基準としての時間数のため、子どもたちの実態に合わせて調整しましょう。

●内容
活動の内容を大まかに示しています。

●準備する
材料や用具
本題材で教員が事前に用意すべき主な材料や用具を示しています。取り扱いに注意を要する用具や補助具については、子どもたちの実態に合わせて準備・調整をしておきましょう。

●題材の目標と
設定理由
子どもたちにどのような資質・能力を育てるのかを示した目標や、本題材を設定した理由、著者自身の実践経験をもとに想定される子どもの姿を示しています。

立体

みぢかなざいりょうでつくる
ふしぎなわく星

| 時間数 | 2時間 |

内容
傘袋に着彩する
材料を傘袋に入れる
傘袋をつなぎ合わせる

準備する材料や用具
●ビニール袋 (傘袋) ●身近な材料 (綿、モール、お花紙、色セロハンなど) ●アクリル絵の具 P66 ●油性ペン ●セロハンテープ ●スポンジ ●紙コップ など

高さ29cm

●題材の目標と設定理由

　本題材の目標は、身近な材料を使って、ビニール袋の形、絵の具や材料の形や色を工夫したり、つくりたいものを考えたりして、つくることを楽しむことです。生活の中にある身近な材料と子どもたちが出会い、子どもの実態に合わせて活動に取り入れながら、自分だけの不思議な世界をイメージし、追究していくことができます。本題材では、「材料に出会うこと」、「選ぶこと」、「描くこと」、「つくること」を重視しています。特に、絵の具の活動では、筆を使わずにスポンジを使って彩色に取り組みます。絵の具を染み込ませたスポンジをビニール袋の中に入れ、転がしたり、手などでつかんだり押したりすることで、手で筆を持ちづらい子にとっても、簡単に色をつけることが可能です。さらに、袋の中に様々な色や質感の材料を入れることもでき、立体的な作品になります。本題材では、惑星をテーマにしていますが、モンスターや帽子をテーマにすることもできます。子どもの興味・関心に合わせて、テーマを考えるようにしましょう。

●指導のポイント

　傘袋の形が細長く、面白いので、膨らませるなどしてその形や浮遊感を楽しみながら、惑星のイメージを広げていきましょう。彩色時には、子どもの実態に合わせた手段を選択するようにしましょう。例えば、筆を持ちづらい子にはスポンジを使用したり、油性ペンで描くことが好きな子には油性ペンを選択させたりするなど。
ポイント4 P33 活動のはじめには、じっくりと材料や用具に触れさせつつ、子どもが主体的に自分の感覚を働かせるように支援していきましょう。

観点別評価規準

知識・技能	知識	傘袋などの身近な材料に触れるときの感覚や行為を通して、形や色などに気づいている。
	技能	傘袋などの身近な材料に慣れるとともに、手や体全体の感覚を働かせ、表したいことをもとに表し方を工夫して表している。
思考・判断・表現	発想・構想	傘袋などの身近な材料を触った感じをもとに、表したいことを見つけ、不思議な惑星をどのように表すか考えている。
	鑑賞	自他の作品の面白さや楽しさ、表したいことや、表し方を感じ取ったり考えたりし、自分の見方や感じ方を広げている。
主体的に学習に取り組む態度		傘袋などの身近な材料を組み合わせて、不思議な惑星をつくる学習活動に楽しく取り組もうとしている。

100

●指導のポイント
本題材で子どもたちに体験させたいことや、活動中の教員の声掛けの注意点など、指導する際に大切にしたいことを示しています。

| 題材のポイント | 見る | 色の違いや光の透けた感じを楽しもう | 触る | 手や体全体などで傘袋や中に入れる材料を触り、色々な感じを楽しもう |
| | 嗅ぐ | 絵の具や使用する材料の匂いを感じよう | 聴く | ビニール袋の音や絵の具を塗るとき、材料を加工する音に注目しよう |

| 事前準備 | 傘袋の長さが子どもの実態に合っているか、検討しましょう。長すぎる場合は、短く切って、子どもが取り組みやすい長さを準備しておきましょう。中に入れる材料には、重さがあるものではなく、軽いものを選ぶと展示したときにも膨らみを保つことができます。子どもに合った材料や軽い材料に注目して集めてみましょう。 P60・P64 |

●事前準備

子どもたちが学習に取り組みやすくなるよう、教員が事前に準備しておくべきことを示しています。材料の大きさや活動を行う場所など、具体的に題材目標や子どもたちの様子を想定しながら検討し、準備しましょう。

	子どもの活動	教員の指導
導入	・使用する傘袋に直接触り、触感を楽しんだり、透明感などを感じたりする。 ・題材の目標やテーマ、活動を理解する。 ・参考作品を鑑賞したり材料に触ったりすることで、自分のつくりたい作品のイメージを広げる。 ・色の塗り方や材料の入れ方を理解し、自分の作品へ生かす。	・傘袋を触ったり、材料を提示したりして、子どもの意欲を高める。傘袋の細長い形や膨らむ性質に気づかせ、造形の可能性を感じさせる。 ・目標やテーマ、活動について、口頭や掲示物などを使って、簡潔に説明する。 ・教員が作成した参考作品を触ったり、見たり、音を聴いたりして鑑賞させ、作品のイメージを広げられるようにする。その際、完成作品だけではなく、つくる途中のパーツ（色の塗り方、材料の入れ方など）を提示して、子どもが活動の可能性を感じられるようにする。ポイント❸ P41
展開	・使用する絵の具の色を選び、スポンジに染み込ませ、傘袋の中に入れ、ころがしたりつかんだり、押したりして色をつける。 ・彩色後は、乾燥させる。 （写真：ころがす　握る　押す） ・様々な材料に出会い、材料の可能性を感じ、使いたいものを選ぶ。手に取って触感を楽しんだり、つくりたいものをイメージしたりしながら、作品づくりに取り組む。 ・傘袋同士をセロハンテープでつなげ、長いひも状にする。それを絡み合わせて、惑星をつくる。	・絵の具で色をつける際、子どもの実態に合った方法を選択できるようにする。ポイント❹ P37 ・絵の具は、紙皿に1色ずつ出し、スポンジも1色につき1つ準備するようにする。スポンジは、絵の具に水を入れすぎると色が薄くなるので注意する。友達と色を共有させてもよい。 ・様々な材料や色に出会えるように積極的に紹介し、選択肢を増やすようにする。 ・材料を傘袋に入れるときには、底を抜いた紙コップを活用する。（写真） ・机間指導をしながら、材料や色の選び方や形のつくり方を価値づける。P72
ふりかえり	・自分の活動や作品を振り返る（作品の工夫したところ、頑張ったところ、気に入っているところなど）。 ・発表する。 ・他の人の発表を聞いたり、他作品を丁寧に触って、作品のよさや魅力を感じる。	・題材の目標や活動内容を振り返り、共感的に思いを聞いて、声掛けをする。P72 ・発表の際に、質問するなどして発表を支援する。P74

●展開例

本題材における教員と子どもの活動を3つに分けて、時系列で示しています。子どもたちの実態や進行度合いに合わせて時間を調整しましょう。

アレンジ

「かぶると素敵な帽子になったよ」

「傘袋にモールとお花紙で飾りをつけたよ」

「傘袋を結んで形を工夫したよ」

●アレンジや作品例など

本題材を子どもたちや学校の実情に合わせてアレンジ・発展させた例や作品例などを示しています。

101

●観点別評価規準

子どもたちが題材の学習を通して身につける資質・能力の評価規準を下記の項目に分けて示しています。子どもたちや学校の実態に応じて調整し、指導案の作成・評価に取り組みましょう。

知識　技能　発想・構想　鑑賞　主体的に学習に取り組む態度

絵

びりびりぺたぺた 生まれたよ！
ペーパーアニマル

38×54cm

時間数	2時間

内容	お気に入りの紙や模様を見つける　つくる 紙をやぶく 紙を貼り付ける

準備する材料や用具

- 画用紙　● 色画用紙
- 様々な紙 (包装紙、色紙、紙切れなど)
- 液体のり　● 木工用接着剤 **P68**　● マスキングテープ
- 水彩絵の具一式　● スポンジ　● ローラー　● はさみ　● カッターナイフ　など

題材の目標と設定理由

　本題材の目標は、紙の質感や形や色の違いを感じたり、その特徴からつくりたいものを考えたり、つくるプロセスで形や色の組み合わせを工夫したりしながら、思い浮かべた動物を表すことを楽しむことです。テーマは、「ペーパーアニマル」です。紙の形や色から、実在する動物や空想の生き物など、自由にイメージを広げながら作品づくりに取り組むことができます。これまでの活動で残った紙切れ、集めた包装紙や紙袋、絵の具などで描いた模様などからつくりたいもののイメージを広げていきます。

　本題材では、「見つけること」、「やぶくこと」、「貼り付けること」を重視しています。子どもの興味・関心をもとに、使いたい紙を選んだり、使用する紙を自分でつくったりすることから活動をスタートさせるとよいでしょう。

指導のポイント

　様々な紙を準備して、子どもが自由に活動に使いたい紙を選べるようにしましょう。子どもの実態に合わせて、紙の厚さや大きさなどを選択し、視覚や触覚を働かせながら、紙の形や質感などを感じられるようにしていきます。大きすぎたり厚すぎたりすると、思うように材料や用具が扱えないこともあります。

　また、作品のイメージをもちにくい子には、動物の図鑑や参考写真を準備しておくとよいでしょう。タブレット端末を活用して、調べることもできます。**P80**

観点別評価規準

知識・技能	知識	様々な紙をやぶいたり貼り付けたりするときの感覚や行為を通して、形や色などに気づいている。
	技能	様々な紙や用具などに十分に慣れるとともに、手や体全体の感覚などを働かせ、表したいことをもとに表し方を工夫して表している。
思考・判断・表現	発想・構想	紙をやぶくときの形や色などをもとに、表したいことを見つけ、紙を選んだり、形や色を考えたりしながら、どのように表すか考えている。
	鑑賞	自他の作品の面白さや楽しさ、表したいこと、表し方などを感じ取ったり考えたりし、自分の見方や感じ方を広げている。
主体的に学習に取り組む態度		紙をやぶいて、ペーパーアニマルをつくる学習活動に楽しく取り組もうとしている。

<table>
<tr><td rowspan="2">題材のポイント</td><td>見る</td><td>色の違いや組み合わせ、模様の面白さなどを見つけよう</td></tr>
</table>

見る	色の違いや組み合わせ、模様の面白さなどを見つけよう
触る	様々な紙を触って、大きさや質感などの違いを感じよう
嗅ぐ	絵の具の匂い、使用する紙や材料の匂いを感じよう
聴く	紙をやぶくときの音に注目しよう

事前準備
日頃から、様々な紙類を収集しておきましょう。他題材で残った紙切れや使った紙皿なども捨てずに保存しておくと、材料として活用できます。子どもの実態（姿勢など）に合わせて、書見台などを準備しておくと活動しやすくなる子もいます。ユニバーサルデザインのはさみや補助具、筆以外の用具の準備をしておきましょう。ポイント⑥ P37

	子どもの活動	教員の指導
導入	・紙をやぶったり、組み合わせたりすることで、思いがけないイメージがわくことに気づく。 ・様々な紙の種類や参考作品を触ったり見たりすることで、自分のつくりたい作品のイメージを広げる。 ・題材の目標やテーマ、活動の流れを理解する。 ・絵の具や用具の使い方を理解する。	・紙や参考作品を触ったり見たりして、様々な感覚を働かせながらつくりたいもののイメージを広げるように支援する（紙の形や色が、何に見えるか質問するなど）。 ・目標やテーマ、活動の流れについて、口頭や掲示物などで説明する。ポイント⑦ P40 ・自分で絵の具を使って描くことでお気に入りの紙をつくることができることを伝える。 ・ローラーやスポンジの使い方、はさみやカッターナイフの使い方などを説明する。
展開	・紙を手に取って触感を楽しんだり、紙を選ぶ。 ・使いたい紙を自分で描いてつくる。 ローラーとスポンジを使ってつくった紙 ・紙をやぶいたり、組み合わせたりする。 ・台紙に紙を貼り付けたり、絵を描いたりする。	・子どもから色々な紙が見えるように材料を配置し、紙を選べるようにする。P58 ・絵の具で彩色する際、子どもの実態に合った方法（ローラー、指筆、スポンジなど）を選択できるようにする。ポイント④ P33・P62 ・机間指導をして、頑張っている姿や工夫を認める声掛けをする。P72 ・子どもの実態に合わせて、はさみや補助具を使ったり手でやぶいたりする支援をする。ポイント④ P33・P62 ・描いたり、貼り付けたりするとき、机上での活動がしづらい子には、書見台を準備する。ポイント⑨ P42
ふりかえり	・自分の作品を振り返る（作品の工夫したところ、頑張ったところ、気に入っているところなど）。 ・発表する。 ・他の人の発表を聞き、作品のよさや魅力を感じる。	・題材の目標や活動内容を振り返り、共感的に思いを聞いて声掛けをする。P72 ・発表の際に、質問するなどして発表を支援する。P74

第3章 実践例 15題材

作品例

「自分でつくった紙をやぶってつくったよ。元気なライオンだから、明るい色にしたよ。」

「前にパレットとして使った紙皿を使って魚をつくったよ。紙皿を切って重ねて貼り付けたんだ。」

絵　ぺたぺたどろどろ どんなかんじ？

時間数	2時間

内 容	手で液体粘土を触って塗る 絵の具を触って塗る 材料を組み合わせる

準備する材料や用具

- スチレンボードパネル（厚紙やボール紙でも代用可）
- 液体粘土　● のびる紙粘土　● ガーゼ
- 水切りネット　● 水彩絵の具
- タオル　● ウェットティッシュ　● ビニールシート　など

30×45cm

題材の目標と設定理由

　本題材の目標は、質感の違う材料（液体粘土やガーゼなど）を使って、諸感覚を働かせて違いを感じたり、感じたことから表したいことを思いついたり、表し方を工夫したりして楽しむことです。本題材では、「触ること」、「塗ること」、「組み合わせること」を重視しています。液体粘土の触り心地を十分に味わわせるようにしましょう。

　また、液体粘土は、握ったりつかんだりする力が弱くても、手のひらや甲などを使って触ったり塗ったりすることができます。液体粘土や材料を触りながら、感覚を働かせるようにしたいです。表した形をパネルの上でさらに組み合わせて、作品のイメージを広げていくようにしましょう。平面的に塗るだけではなく、液体粘土と他の材料を組み合わせることで凸凹した感じを表現することが可能です。作品鑑賞時には、見るだけではなく、表面を触ったり、手で触った音を聴いたりするとよいでしょう。

指導のポイント

　授業のはじめに、子どもと一緒に手をほぐすウォーミングアップをしましょう。一人で指を動かすことが難しい場合は、手を包み込んだり、握手をしたり、指を動かしたりなど、教員が一緒に手をほぐしていくようにしましょう。ただし、子どもの身体に無理なく行うように気を付けましょう。その後じっくりと材料に触れさせる時間をとり、子どもが主体的に自分の感覚を働かせるようにします。活動では、子どもが材料の違いを感じたり、好きなことを見つけたりしている様子を観察していきましょう。

観点別評価規準		
知識・技能	知識	液体粘土やその他の材料に触るときの感覚や行為を通して、形や色などに気づいている。
	技能	液体粘土やその他の材料に十分に慣れるとともに、手や体全体の感覚などを働かせ、表したいことをもとに表し方を工夫して表している。
思考・判断・表現	発想・構想	液体粘土やその他の材料の形や触ったときの感覚をもとに、表したいことを見つけ、どのように表すか考えている。
	鑑賞	自他の作品を見たり触ったりすることを通して、造形的な面白さや楽しさ、表したいことを感じ取ったり考えたりし、自分の見方や感じ方を広げている。
主体的に学習に取り組む態度		液体粘土などの材料を組み合わせて、絵に表す学習活動に楽しく取り組もうとしている。

		題材のポイント
見る	色の違いや凸凹した表面の面白さを感じよう
触る	液体粘土の触り心地を味わい、他の材料との触感の違いを感じよう
嗅ぐ	絵の具の匂い、使用する材料の匂いを感じよう
聴く	液体粘土や材料を触るときの音に注目しよう

事前準備

車いすやベッドでの活動の場合、机の位置の調整やベッドに絵の具などがつかないようにビニールシートなどの準備が必要になります。エプロンをつけてもよいでしょう。 P71
子どもの視点に立って、活動しやすいような工夫を検討しましょう。また、提示する材料の大きさや量についても、個に応じたものをあらかじめ準備しましょう。液体粘土は触りやすいように、カップなどに入れておくなどして工夫しましょう。

	子どもの活動	教員の指導
導入	・手や指などのウォーミングアップをする。 ・使用する材料に触り、学習への意欲を高める。 ・題材の目標やテーマ、活動を理解する。 ・参考作品や材料に触り、学習意欲を高めたり、作品のイメージを広げたりする。	・一人でウォーミングアップを行うことが難しい子には、一緒に手や指を動かす。無理のない範囲で行う。 ・材料を触る際、手のひらや甲など、色々な触り方を提案して、学習への意欲をもたせる。 ・目標やテーマ、活動について、口頭や掲示物などを使って、簡潔に説明する。 ・参考作品を提示する。 ポイント⑧ P41
展開	・液体粘土や材料を触り、その感覚を楽しむ。 ・使いたい材料を選ぶ。 ・液体粘土を塗ったり、他の材料を置いたりして組み合わせる。 ・手に取って触感を楽しんだり、つくりたいものをイメージしたりしながら、作品づくりに取り組む。 ・友達の活動や作品を見たり、参考作品を触ったりしてさらにイメージを広げる。	・じっくりと材料に触らせる。 ・子どもの目線や表情から、子どもの意思を予想する。 ・液体粘土や材料を組み合わせる際は、個に応じて選択の場面を設けたり、一つの材料に触れる時間を十分設けたりする。 ・材料に触った感じを擬音語で表し、子どもと共有する。 ・活動の様子を写真に撮って記録する。 P80
ふりかえり	・作品が乾燥したら、丁寧に触りながら自他の作品を鑑賞する。 ・自分の活動や作品を振り返る(作品の工夫したところ、頑張ったところ、気に入っているところなど)。 ・発表する。 ・他の人の発表を聞いたり、作品をやさしく触って、作品のよさや魅力を感じる。	・様々な諸感覚を働かせて鑑賞するように伝える。 ・題材の目標や活動内容を振り返り、共感的に思いを聞いて、声掛けをする。 ・発表の際に、質問するなどして発表を支援する。

指導支援の工夫

活動過程を写真などで記録しておくと、その変化を比較しながら鑑賞することができる

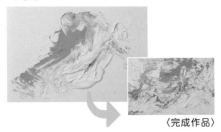

〈完成作品〉

様々な種類の粘土

軽くてのびやすい

のびる紙粘土　　　液体粘土

けしゴムハンコでつくる ワタシのカタチ

時間数	2時間

内容	消しゴムハンコでスタンプする 形と色を組み合わせる

準備する材料や用具

- 画用紙　●布　●木の板　●紙袋
- 消しゴム　●水彩絵の具（スタンプ台でも代用可）
- タオル　など

24×36cm

題材の目標と設定理由

　本題材の目標は、消しゴムハンコをスタンプする活動を通して、スタンプの仕方や配色を工夫したり、作品を飾ったり使ったりすることを楽しむことです。スタンプするときの向きや色をかえて、繰り返しスタンプすることで新たな模様をつくることができます。

　本題材では、「選ぶ」、「スタンプする」、「使う」などの活動がありますが、子どもの実態に合わせて、「彫る」活動を選ぶことも可能です。事前に教員がつくった消しゴムハンコの中から、子どもに好きなハンコを選ばせ、スタンプする過程で形や色の組み合わせなどを追究できます。ハンコを押す支持体として、画用紙や色画用紙、布（バッグなど）、紙袋、木の板（パネル）など、様々なものが考えられます。日常生活の中で、飾ったり使用したりすることを子どもにイメージさせながら、ハンコや支持体を選ばせるようにしましょう。

指導のポイント

　参考作品を飾っている様子や使っている様子を示し、活動への意欲をもたせるようにしましょう。様々な作品を見せて、模様をつくる面白さや画面構成、色の使い方を工夫する面白さに気づかせていきましょう。

　布にスタンプする際は、絵の具が落ちにくいようにアクリル絵の具や布用のスタンプ台を使用します。アクリル絵の具は水が多すぎるとハンコの凹部分にたまるので注意しましょう。**P66**

　本題材で彫刻刀を使用する場合は、安全指導も丁寧に行いましょう。

観点別評価規準		
知識・技能	知識	消しゴムハンコをスタンプするときの感覚や行為を通して、形や色などに気づいている。
	技能	消しゴムハンコに十分に慣れるとともに、手の感覚などを働かせ、表したいことをもとにスタンプするときの向きや配色などの表し方を工夫して表している。
思考・判断・表現	発想・構想	スタンプしたときの形や押したときの色などをもとに、自分のイメージをもち、表したいことを見つけ、押し方や配色などを思いつき、どのように表すか考えている。
	鑑賞	自他の作品の面白さや楽しさなどを感じ取ったり考えたりし、自分の見方や感じ方を広げている。
主体的に学習に取り組む態度		つくりだす喜びを味わい、消しゴムハンコの形や色を選んでスタンプする学習活動に楽しく取り組もうとしている。

事前準備　教員があらかじめ消しゴムを丸形、三角形、四角形などの形に切っておき、消しゴムハンコを用意しておきましょう（3〜5種類程度）。支持体の画用紙や、スタンプするときにつける絵の具なども、たくさんの色数を用意しておくと、表したいイメージを広げることができます。また、たくさん試せるように画用紙を多く準備したり、子どもの実態に合わせて大きさを工夫したりするとよいでしょう。

	子どもの活動	教員の指導
導入	・題材の目標やテーマ、活動の流れを理解する。 ・参考作品の鑑賞を通して、自分のつくりたい作品のイメージを広げる。 ・図案を繰り返してつくりだされる模様の面白さに気づく。	・目標やテーマ、活動について、口頭や掲示物などを使って、簡潔に説明する。 ・参考作品を飾ったり使ったりしている様子を示し、つくりたい作品のイメージを広げさせる。 ・消しゴムハンコによる形や色などの表現の特徴や組み合わせから色々な模様をつくりだせることに気づかせる。
展開	・好きなハンコや色を選んでスタンプする。 ・何枚も画用紙や色画用紙で試す。 ・ハンコを押す支持体を選ぶ（画用紙、布、木の板、紙袋）。 布にスタンプするときはアクリル絵の具を使う　　木の板や紙袋に	・色々な形のハンコや、様々な色の絵の具などを用意しておき、選べるようにする。 ・形や色の組み合わせなど何度も試して、自分の好きな感じを見つけていくことを促す。 ・ハンコの色をかえるときは、タオルでよくふくことを伝える。 ・子どもの実態に合わせて、ハンコの上に画用紙をのせて画用紙をこすったり、叩いたりしてハンコを写す方法があることを伝える。 ・いくつかスタンプする支持体を用意しておき、選べるようにする。 ・ハンコの押し方や色の工夫を認める声掛けをする。
ふりかえり	・自分の作品や活動を振り返る。 ・頑張ったところ、難しかったところ、見てほしいところなどを発表する。 ・他の人の発表を聞き、他作品のよさや魅力を感じる。	・題材の目標や活動内容を振り返り、共感的に思いを聞いて、声掛けをする。 ・発表の際に、質問するなどして発表を支援する。

アレンジ

子どもの実態に合わせて「彫る」活動を選ぶこともできる

①消しゴムに油性ペンで下描きをする。

②消しゴムを彫る

③絵の具をつけて紙などにスタンプをする

 ① ②

 ③ ③ ③

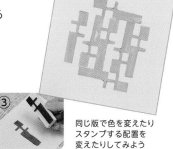

同じ版で色を変えたりスタンプする配置を変えたりしてみよう

絵のぐで楽しむ カラフルワールド

絵

時間数	2時間
内 容	水彩絵の具で描く ローラーやスポンジを使う 様々な技法を試す

準備する材料や用具

- ●画用紙　●色画用紙　●水彩絵の具
- ●ローラー　●スポンジ　●たこ糸
- ●歯ブラシ　●ビニール手袋　●トレイ　など

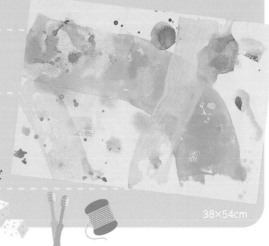

38×54cm

題材の目標と設定理由

　本題材の目標は、水彩絵の具などを使って様々な技法にチャレンジすることを通して、描きたいものをイメージしたり、形や色の組み合わせを考えたり工夫したりして、描く楽しさを感じることです。子どもの実態に合わせて、様々な描画材料や技法を選択し組み合わせて作品づくりに取り組むことができます。子どもの実態にあった材料や用具、技法などを選択していきましょう。本題材では、「描くこと」、「試すこと」、「組み合わせること」を重視しています。描く活動では、ローラーやスポンジを使用したり、糸を使用したり、筆を使用したり、歯ブラシを使用したりなど、色々な方法が考えられます。筆を持つことが難しい子は、指筆やビニール手袋を使用して描くことも可能です。ローラーやスポンジを使用すると、小さな動きでも画用紙に一気に絵の具を彩色することもでき、様々なアプローチから描くことを楽しむことができます。**ポイント⑥ P37・P62**

　子どもの実態に合った技法に取り組みながら、自分だけの形や色の世界をイメージし、追究させていきましょう。並べると、共同作品のように展示することができます。

指導のポイント

　本題材では、色々と試すプロセスを楽しみながら形や色の面白さを発見して、作品をつくることができます。子どもが楽しんでいることや興味をもっていることを観察し、声を掛けたり、材料や用具の提案をしたりしましょう。

観点別評価規準

知識・技能	知識	水彩絵の具を使って様々な技法を試すときの感覚や行為を通して、形や色などに気づいている。
	技能	水彩絵の具に十分に慣れるとともに、手の感覚などを働かせ、表し方を工夫して表している。
思考・判断・表現	発想・構想	水彩絵の具で表される形や色などをもとに、表したいことを見つけ、どのように表すか考えている。
	鑑賞	自他の作品の造形的な面白さや楽しさ、表したいこと、その表し方を選択した理由について、感じ取ったり考えたりし、自分の見方や感じ方を広げている。
主体的に学習に取り組む態度		水彩絵の具で様々な表し方を試したり組み合わせたりして、カラフルワールドを表す学習活動に楽しく取り組もうとしている。

事前準備 技法は本ページ（4つ）や次ページ（ P98 ）でも紹介していますが、子どもが主体的に取り組みやすいかどうかを事前に試して、選択したり、新しい方法を考えたりするようにしましょう。色々な技法をたくさん試したり、絵の具で描くことを思い切り楽しんでほしいので、エプロンを準備するとよいでしょう。 P71

	子どもの活動	教員の指導
導入	・題材の目標やテーマ、活動の流れを理解する。 ・参考作品を鑑賞したり材料に触ったりすることで、自分のつくりたい作品のイメージを広げる。 ・材料の特性や用具の使い方を理解する。 ・色の三原色や混色について、理解する。	・目標やテーマ、活動の流れについて、口頭や掲示物などを使って、簡潔に説明する。 ・参考作品を提示したり、技法の紹介を行ったりして、子どもに意欲をもたせる。クイズ形式で技法の材料や用具について子どもたちに考えさせ、実演をしながら、技法の特徴や魅力を理解させるのもよい。 P66 ・色の三原色や混色について、説明する。
展開	・画用紙や色画用紙の中から使いたい色を選ぶ。 ・ 1 ～ 4 の技法から挑戦したいものを選ぶ。 ・混色してお気に入りの色をつくり技法を試す。 ・技法を組み合わせる。	・活動の様子を観察しながら、子どもが主体的に活動に取り組めるような環境を整えたり、支援する。 P58 ・たくさん試すことを促す。子どものつまずきに寄り添い、一緒に考える。 P62 ・一つの技法だけでなく、組み合わせることも提案する。 ・描いた作品を近くや遠くから鑑賞させて、自作品の形や色の面白さを感じさせる。
ふりかえり	・自分の活動や作品を振り返る（技法を選んだ理由、作品の工夫したところ、頑張ったところ、気に入っているところなど）。 ・発表する。 ・他の人の発表を聞いたり、作品を見て、作品のよさや魅力を感じる。	・完成した作品の作品名を考えることを伝える。 ・題材の目標や活動内容を振り返り、共感的に思いを聞いて、声掛けをする。 ・発表の際に、質問するなどして発表を支援する。

技法

1 ローラーやスポンジで色をつける

鈴をつけると描いている動きがわかりやすい

2 絵の具をつけたたこ糸を画用紙の片面にのせ、半分に折って糸を挟む。画用紙を手で押さえて、糸を動かしながら引き抜く

3 画用紙を水で濡らしておき、乾かないうちに他の色を画面において絵の具をにじませる。筆以外にも、スポイトで色を落とすなどもできる

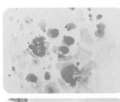

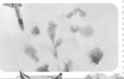

他の様々な技法やアレンジを次のページで紹介しています

4 歯ブラシに絵の具を付けて、指ではじく。何度も色を重ねていく。色ごとに歯ブラシを準備したい。はじく際、子どもが取り組みやすい画面やパレットの配置を工夫しよう

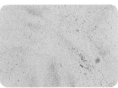

絵のぐで楽しむ カラフルワールド
技法・アレンジ

身近なものを使って **もっといろいろな技法を試してみよう**

絵の具 ✕ ビー玉

絵の具をつけたビー玉を転がす

絵の具 ✕ ストロー

多めの水でといた絵の具を画用紙に置いてストローで吹く

絵の具 ✕ 綿棒

綿棒に絵の具をつけて、画用紙に点や線を描く。綿棒は1本だけではなく、数本を一緒に握って描くと形の変化が楽しめる

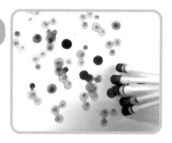

クレヨン ✕ 消しゴム

クレヨンで好きな形を描き、その上から消しゴムで描いたものをのばす。中央から外へ広げたり、色々ためしてみよう

絵の具 ✕ 梱包材料

梱包材料に絵の具をつけて画用紙に押しつける。色々な形に切って、形と色を楽しもう

水性ペン ✕ 水

画用紙に水性ペンで模様を描き、その上から水分をたっぷりと含ませた筆でなぞる

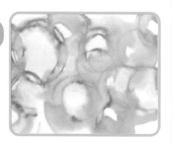

 ×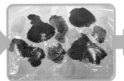

|  |  |  |  |

画用紙に水でといた
絵の具をたらす

絵の具の上から
ラップをかける

ラップを少し動かし
てしわをつくる

絵の具が乾燥したらゆっくりと
ラップを剥がす

絵の具 × のり × ティッシュペーパー

絵の具、でんぷんのり、水を
混ぜたトロトロした絵の具
を画用紙の上にのせていく

上からティッシュ
ペーパーを置く

水を含ませた筆でやさ
しく押さえていく

絵の具が乾燥したらはさみで
切って、色々な形を楽しもう

飛び出して
きそうだな

絵の具の技法で表した画用紙を組み合わせて
立体の作品にすることもできます。

台紙にちぎった紙などを貼り付ける

絵の具の技法を使って描いた画用紙を
切って、のりや両面テープで台紙に貼る

きれいな
お花

お花のパーツを台紙に貼り付
けるときは、外側から中央に向
かって貼り重ねていくとよい

立体

みぢかなざいりょうでつくる
ふしぎなわく星

時間数 2時間

内 容
傘袋に着彩する
材料を傘袋に入れる
傘袋をつなぎ合わせる

準備する材料や用具

●ビニール袋（傘袋） ●身近な材料（綿、モール、お花紙、色セロハンなど） ●アクリル絵の具 P66 ●油性ペン
●セロハンテープ ●スポンジ 紙コップ など

高さ 29cm

題材の目標と設定理由

　本題材の目標は、身近な材料を使って、ビニール袋の形、絵の具や材料の形や色を工夫したり、つくりたいものを考えたりして、つくることを楽しむことです。生活の中にある身近な材料と子どもたちが出会い、子どもの実態に合わせて活動に取り入れながら、自分だけの不思議な世界をイメージし、追究していくことができます。本題材では、「材料に出会うこと」、「選ぶこと」、「描くこと」、「つくること」を重視しています。特に、絵の具の活動では、筆を使わずにスポンジを使って彩色に取り組みます。絵の具を染み込ませたスポンジをビニール袋の中に入れ、転がしたり、手などでつかんだり押したりすることで、手で筆を持ちづらい子にとっても、簡単に色をつけることが可能です。さらに、袋の中に様々な色や質感の材料を入れることもでき、立体的な作品になります。本題材では、惑星をテーマにしていますが、モンスターや帽子をテーマにすることもできます。子どもの興味・関心に合わせて、テーマを考えるようにしましょう。

指導のポイント

　傘袋の形が細長く、面白いので、膨らませるなどしてその形や浮遊感を楽しみながら、惑星のイメージを広げていきましょう。彩色時には、子どもの実態に合わせた手段を選択するようにしましょう。例えば、筆を持ちづらい子にはスポンジを使用したり、油性ペンで描くことが好きな子には油性ペンを選択させたりするなど。

ポイント❹ P33

　活動のはじめには、じっくりと材料や用具に触れさせつつ、子どもが主体的に自分の感覚を働かせるように支援していきましょう。

観点別評価規準		
知識・技能	知識	傘袋などの身近な材料に触れるときの感覚や行為を通して、形や色などに気づいている。
	技能	傘袋などの身近な材料に慣れるとともに、手や体全体の感覚を働かせ、表したいことをもとに表し方を工夫して表している。
思考・判断・表現	発想構想	傘袋などの身近な材料を触った感じをもとに、表したいことを見つけ、不思議な惑星をどのように表すか考えている。
	鑑賞	自他の作品の面白さや楽しさ、表したいこと、表し方を感じ取ったり考えたりし、自分の見方や感じ方を広げている。
主体的に学習に取り組む態度		傘袋などの身近な材料を組み合わせて、不思議な惑星をつくる学習活動に楽しく取り組もうとしている。

<table>
<tr>
<td rowspan="2">題材
の
ポイント</td>
<td colspan="2">見る 色の違いや光の透けた感じを楽しもう</td>
<td colspan="2">触る 手や体全体などで傘袋や中に入れる材料を触り、色々な感じを楽しもう</td>
</tr>
<tr>
<td colspan="2">嗅ぐ 絵の具や使用する材料の匂いを感じよう</td>
<td colspan="2">聴く ビニール袋の音や絵の具を塗るとき、材料を加工する音に注目しよう</td>
</tr>
</table>

事前準備

傘袋の長さが子どもの実態に合っているか、検討しましょう。長すぎる場合は、短く切って、子どもが取り組みやすい長さを準備しておきましょう。中に入れる材料には、重さがあるものではなく、軽いものを選ぶと展示したときにも膨らみを保つことができます。子どもに合った材料や軽い材料に注目して集めてみましょう。 P60・P64

	子どもの活動	教員の指導
導入	・使用する傘袋に直接触り、触感を楽しんだり、透明感などを感じたりする。 ・題材の目標やテーマ、活動を理解する。 ・参考作品を鑑賞したり材料に触ったりすることで、自分のつくりたい作品のイメージを広げる。 ・色の塗り方や材料の入れ方を理解し、自分の作品へ生かす。	・傘袋を触ったり、材料を提示したりして、子どもの意欲を高める。傘袋の細長い形や膨らむ性質に気づかせ、造形の可能性を感じさせる。 ・目標やテーマ、活動について、口頭や掲示物などを使って、簡潔に説明する。 ・教員が作成した参考作品を触ったり、見たり、音を聴いたりして鑑賞させ、作品のイメージを広げられるようにする。その際、完成作品だけではなく、つくる途中のパーツ（色の塗り方、材料の入れ方など）を提示して、子どもが活動の可能性を感じられるようにする。 ポイント⑧ P41
展開	・使用する絵の具の色を選び、スポンジに染み込ませ、傘袋の中に入れ、ころがしたりつかんだり、押したりして色をつける。 ・彩色後は、乾燥させる。 ころがす　　　握る　　　押す ・様々な材料に出会い、材料の可能性を感じ、使いたい材料を選ぶ。手に取って触感を楽しんだり、つくりたいものをイメージしたりしながら、作品づくりに取り組む。 ・傘袋同士をセロハンテープでつなげ、長いひも状にする。それを絡み合わせて、惑星をつくる。	・絵の具で色をつける際、子どもの実態に合った方法を選択できるようにする。 ポイント⑥ P37 ・絵の具は、紙皿に1色ずつ出し、スポンジも1色につき1つ準備するようにする。スポンジは、絵の具に水を入れすぎると色が薄くなるので注意する。友達と色を共有させてもよい。 ・様々な材料や色に出会えるように積極的に紹介し、選択肢を増やすようにする。 ・材料を傘袋に入れるときには、底を抜いた紙コップを活用する。 ・机間指導をしながら、材料や色の選び方や形のつくり方を価値づける。 P72 
ふりかえり	・自分の活動や作品を振り返る（作品の工夫したところ、頑張ったところ、気に入っているところなど）。 ・発表する。 ・他の人の発表を聞いたり、他作品を丁寧に触って、作品のよさや魅力を感じる。	・題材の目標や活動内容を振り返り、共感的に思いを聞いて、声掛けをする。 P72 ・発表の際に、質問するなどして発表を支援する。 P74

アレンジ

「傘袋を結んで形を工夫したよ」

「かぶると素敵な帽子になったよ」

「傘袋にモールとお花紙で飾りをつけたよ」

立体

にぎって まきつけて さかせる
フラワーガーデン

時間数 2時間

内容 材料を握る 巻きつける やぶく
材料をワイヤーネットにつける

準備する材料や用具
- ●ワイヤーネット ●ゴム ●色画用紙
- ●身近な材料（お花紙、モール、毛糸、色セロハン、アルミホイル、包装紙、ネット、フェルト、布、綿、すずらんテープ、スポンジ）など

高さ 26cm

題材の目標と設定理由

本題材の目標は、身近な材料（お花紙、モール、毛糸、布など）の触った感じを楽しんだり、簡単な手の動きを利用して形をつくったり、つくりたいものを表現するために考えたりつくり方を工夫したりすることです。テーマは、「フラワーガーデン」です。様々な材料と出会い、それを手に取り、自分の感覚を働かせて感じたり考えたりして、好きな材料を選んでいくことができます。自分だけの形をつくったり、組み合わせたりしながら作品づくりに取り組めるとともに、並べて掲示すると共同作品にもなります。本題材では、「触ること」、「選ぶこと」、「握ること」、「巻きつけること」を重視しています。握ることや手や指に巻きつけることで簡単に形をつくることができます。手以外の身体の部位を使用することも可能です。土台となるワイヤーネットには事前にゴムを張りめぐらせておき、子どもがつくった形をその都度ゴムに挟みこんで材料を留めていきます。ゴムで留めているだけなので、何度も取り外すことができ、組み合わせなどを試行錯誤することができます。

本題材では、花をイメージしたテーマにしていますが、風景や感情（抽象）をテーマにすることもできます。子どもの興味・関心に合わせて、テーマを設定してみましょう。

指導のポイント

様々な材料と出会わせ、好きな色や質感、音などを子どもと一緒に見つけましょう。好きな材料を子どもが選び、材料を握ったり、巻きつけたり、やぶったりして楽しみながらできた形を並べたり、組み合わせたりして作品のイメージを広げていきましょう。

観点別評価規準		
知識・技能	知識	身近な材料を握ったり巻きつけたりやぶったりするときの感覚や行為を通して、形や色などに気づいている。
	技能	身近な材料や用具などに十分に慣れるとともに、手や体全体の感覚を働かせ、表し方を工夫して表している。
思考・判断・表現	発想・構想	身近な材料の形や色、触ったときの感覚をもとに、表したいことを見つけ、どのように表すか考えている。
	鑑賞	自他の作品の造形的な面白さや楽しさなどについて感じ取ったり考えたりし、自分の見方や感じ方を広げている。
主体的に学習に取り組む態度		身近な材料の形や色、触った感触などをもとに、材料を選んだりそれらを組み合わせたりして、立体に表す学習活動に楽しく取り組もうとしている。

題材のポイント	見る	色の組み合わせの美しさや立体的な作品の面白さを感じよう
	触る	質感の違う様々な材料の違いを触って楽しもう
	嗅ぐ	様々な材料の匂いを感じてみよう
	聴く	紙や色セロハンなど硬さの違う材料を握るときの音に注目しよう

事前準備	土台となるワイヤーネットは様々なサイズがあるため、子どもの実態に合わせたものを選びましょう。また、選んだワイヤーネットには、事前にゴムを張りめぐらせておきます。これは、活動中に子どもがつくった形（作品）を挟みこみ、仮留めするためです。最終的にはモールなどで、各パーツを固定しますが、活動中に仮留めできると試行錯誤がしやすいです。

	子どもの活動	教員の指導
導入	・様々な材料を触り、触感を楽しんだり、質感を確かめる。 ・題材の目標やテーマ、活動の流れを理解する。 ・参考作品から、材料の形や色の組み合わせの面白さを感じ、つくりたい作品のイメージを広げる。	・様々な材料を子どもに提示し、子どもに興味をもたせていく。その際、一緒に材料を触りながら、色の美しさ、質感の違い、形の面白さに気づかせる。子どもの反応を観察し、材料選択の手がかりとする。 P60・P64 ・目標やテーマ、活動の流れについて、口頭や掲示物などを使って、簡潔に説明する。 ・ワイヤーネットや参考作品を触りながら、作品のイメージを広げられるようにする。
展開	・使用したい材料を選び、握ったり、巻きつけたり、やぶったり、組み合わせたりして形をつくる。 ・ワイヤーネットに作品のパーツをつけながら、形や色の組み合わせを考えている。	・材料を触っていたときの子どもの反応を踏まえて、材料を選べるようにしたり提案したりする。 ポイント⑨ P42 ・握ったりやぶったりする際、子どもが頑張っているところなどを認める声掛けをする。 ・つくった形を作品につけるのが難しい子には教員が一緒にワイヤーネットに挟みこませたり、教員が挟みこんでいくようにする。
ふりかえり	・自分の活動や作品を振り返る（作品の工夫したところ、頑張ったところ、気に入っているところなど）。 ・発表する。 ・他の人の発表を聞いたり、作品を丁寧に触って、作品のよさや魅力を感じる。	・題材の目標や活動内容を振り返り、共感的に思いを聞いて、声掛けをする。 ・発表の際に、質問するなどして発表を支援する。

様々な工夫

「紙を折って蝶々をつくったよ　どこにつけようかな」

「毛糸を巻きつけて結んだよ　花みたいになったよ」

「ネットに綿を入れたよ　面白いからたくさんつくろう」

第3章 実践例 15題材

立体

ぎゅっぎゅ　じわぁ
おどろきのペーパーマジック！

時間数	2時間

内容	トイレットペーパーやお花紙を触る　握る 材料の匂いやその変化を感じる 材料を組み合わせる

準備する材料や用具

●トイレットペーパー（ピンク、緑、白など、ティッシュペーパー、キッチンペーパーでも代用可）●お花紙　●洗濯のり
●水を入れたボトル　●タオル　●ビニールシート
●ビニール袋　●トレイ　など

水

各高さ4cm

題材の目標と設定理由

　本題材の目標は、諸感覚を働かせてトイレットペーパーやお花紙を味わいながら、感じたことから表したいことを思いついたり、表し方を工夫したりして楽しむことです。本題材では、「触ること」、「握ること」、「嗅ぐこと」を重視しています。トイレットペーパーとお花紙を触って遊びながら、様々な形をつくっていきます。トイレットペーパーやお花紙は、とても柔らかくやさしい肌触りです。紙が柔らかいからこそ、安全に活動することができますし、触ることに集中できたり、力の入れ方でつくり方を工夫したりすることもできます。触ったり、握ったり、裂いたり、やぶったり、擦ったり、包んだり、重ねたりなど、様々な活動の可能性を広げていくようにしましょう。さらに、手の中でトイレットペーパーやお花紙と水とを合わせると、その質感や温度の変化をダイレクトに感じることができます。子どもが諸感覚を存分に働かせながら主体的に材料に関わり、質感、形、色、匂いなど様々な変化を楽しめるようにしましょう。手だけではなく、材料をビニール袋に入れることで、腕や足で押すことも可能です。

指導のポイント

　子どもを観察しながら、新たな気づきにつながるような材料の触り方を提案するとよいでしょう。例えば、指先だけを使っている子には、手で包み込んだり押したりすることなどです。また、匂いを感じられるように、鼻先に近づけたり、一緒に嗅いだりするとよいでしょう。子どもは言葉や行動だけではなく、視線や表情、微細な身体の動きを通して、意思を伝えてきます。 ポイント❶ P28

観点別評価規準

知識・技能	知識	トイレットペーパーやお花紙を触ったり嗅いだり組み合わせたりするときの感覚や行為を通して、形や色などに気づいている。
	技能	トイレットペーパーやお花紙などに十分に慣れるとともに、手や体全体の感覚などを働かせ、表し方を工夫して表している。
思考・判断・表現	発想構想	トイレットペーパーやお花紙の形や色、触ったときの感覚などをもとに、表したいことを見つけ、どのように表すか考えている。
	鑑賞	自他の作品を見たり触ったりすることを通して、造形的な面白さや楽しさなどを感じ取ったり考えたりし、自分の見方や感じ方を広げている。
主体的に学習に取り組む態度		トイレットペーパーやお花紙の形や色、手触りなどを感じながら、立体に表す学習活動に楽しく取り組もうとしている。

題材 の ポイント

見る	色の違いや凸凹した表面の面白さを感じよう
触る	トイレットペーパーやお花紙を手などで触り、触感の違いや変化を感じよう
嗅ぐ	材料の匂いを感じ、変化を楽しもう
聴く	材料を触るときの音や材料による音の違いに注目しよう

事前準備

机上での活動が難しい子にはビニール袋を用意し、机上での活動が可能な子にはトレイの上で活動させるなど、状況に応じて準備しましょう。トイレットペーパーやお花紙だけなく、キッチンペーパーや和紙、糸などを用いて参考作品づくりにチャレンジしてもよいでしょう。触覚過敏の子には、ビニール手袋を準備したり手をふけるウェットティッシュなどを準備したりしておくようにしましょう。 P85

	子どもの活動	教員の指導
導入	・参考作品や材料に触り、学習意欲を高めたり、作品のイメージを広げたりする。 ・題材の目標やテーマ、活動の流れを理解する。	・参考作品や材料を提示し、触る時間を十分にとるようにする。 ・目標やテーマ、活動の流れについて、口頭や掲示物などを使って、簡潔に説明する。
展開	・材料を裂いたり、擦ったり、やぶったり、包んだりなどして、その感覚を楽しむ。 ・材料の匂いを感じる。 ・材料に水を加え、少しずつ湿っていく感触の変化を味わったり、握ったり押したりしながら形をつくる。 ・乾燥させる。	・机上での活動が難しい子は、ビニール袋の中で触ったり、握ったりすることができるようにする。 ・材料に触らせて、子どもが材料の色を選択できるようにする。手に取って選ぶことが難しい子には目線や表情から、意思を確認して関わるようにする。 ・活動過程をカメラで記録して、子どもの材料への気づきや頑張りや工夫をまわりの子どもに紹介する。 P80 ・子どもが楽しんだり、気づいたり、工夫したりしていることを認める声掛けをする。
ふりかえり	・自分の活動や作品を振り返る（作品の工夫したところ、頑張ったところ、気に入っているところなど）。 ・発表する。 ・他の人の発表を聞いたり、作品を丁寧に触って、作品のよさや魅力を感じる。	・題材の目標や活動内容を振り返り、共感的に思いを聞いて、声掛けをする。 ・活動過程の様子をタブレット端末で共有しながら、頑張ったことを価値づける。 P80 ・発表の際に、質問するなどして発表を支援する。 ・作品を身につけたり、使ったりしている場面を紹介する。

アレンジ

磁石を接着剤でつけたらメモを貼り付けられる

ボール紙で帽子をつくってそのまわりに貼り付けたら、華やかに

つなげるとリースに P68

カップの上からつけたよ

乾燥させたら素敵な入れ物に

立体 （鑑賞）

色んなかんじ 楽しい木のせかい

時間数	2時間

内容	木や粘土を触る 選ぶ 木の匂いを感じる 材料を組み合わせる

準備する材料や用具

- 木のすのこ
- 木のパーツ（木片、木の実、コルクなど）
- 木粉粘土
- のびる紙粘土
- 色紙
- 木工用接着剤
- グルーガン **P68**
- ウェットティッシュ
- ビニールシート　など

高さ6cm

題材の目標と設定理由

　本題材の目標は、諸感覚を働かせて質感の違う材料（木や粘土など）の違いを感じたり、感じたことから表したいことを思いついたり、表し方を工夫したりして楽しむことです。本題材では、「選ぶこと」、「触ること」、「嗅ぐこと」、「組み合わせること」を重視しています。主体的に材料に関わりながら、見るだけではなく、触ったり嗅いだり、聴いたりなど、諸感覚を存分に働かせていけるようにしましょう。主材料は木に設定しています。木は子どもにとって魅力的な材料です。提示の仕方により、形や色、匂い、質感など、様々な変化を楽しめます。ツルツル、ざらざら、ゴツゴツ。丸い形、角張った形、細長い形、尖った形。同じ木でも、幅広い特徴があります。触り心地のよさ、自然の匂い、豊かな形や色など、図工・美術の材料としてもとても魅力的です。握ったりつかんだりする力が弱くても、木に加えて粘土や紙を組み合わせることで、手のひらや甲などに巻きつけることが可能になります。作品鑑賞時には、見るだけではなく、表面を触ったり、手で触った音を聴いたり、木の匂いを嗅いだりするように声掛けをしてみましょう。

指導のポイント

　子どもの材料の触り方を観察しながら、新たな気づきにつながるような提案をしましょう。例えば、指先だけを使っている子には、手で包み込んだり押したりするなどです。また、木の匂いを味わえるように、鼻先に近づけたり、一緒に嗅いだりするとよいです。

観点別評価規準		
知識・技能	知識	木や粘土などの材料を触るときの感覚や行為を通して、形や色などに気づいている。
	技能	木や粘土などの材料に十分に慣れるとともに、手や体全体の感覚などを働かせ、表し方を工夫して表している。
思考・判断・表現	発想・構想	木や粘土などの形や色、触ったときの感覚をもとに、表したいことを見つけ、材料を選んだり組み合わせを考えたりしながら、どのように表すか考えている。
	鑑賞	自他の作品を見たり触ったりすることを通して、造形的な面白さや楽しさなどを感じ取ったり考えたりし、自分の見方や感じ方を広げている。
主体的に学習に取り組む態度		つくりだす喜びを味わい、木や粘土を触って立体に表す学習活動に楽しく取り組もうとしている。

題材のポイント		
見る	色の違いや凸凹した表面の面白さを感じよう	触る	木や粘土を手などで触り、触感の違いを感じよう
嗅ぐ	木や粘土の匂いを感じよう	聴く	木や粘土を触るときの音に注目しよう

事前準備

子どもの実態に合わせて、木の種類や形、大きさ、量などを選びましょう。木片、木のビーズ、コルク、木粉粘土など、日頃から集めておくとよいでしょう。手芸などで使用する木製パーツやボタンなども、様々な形や色があるので、加えて準備しておくと表現の幅が広がります。

ポイント⑥ P37 粘土を使用する際、触覚過敏の子については、ビニール手袋を準備したり手をふけるウェットティッシュなどを準備したりしておくとよいでしょう。 P85

	子どもの活動	教員の指導
導入	・使用する材料や参考作品に触り、学習への意欲を高めたり、作品のイメージを広げたりする。 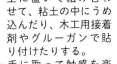 ・題材の目標やテーマ、活動の流れを理解する。 ・これまで学習した内容や使ったことのある材料のことを振り返る。	・参考作品や材料を提示する。 ・材料を触る際、色々な触り方(指先でつまむ、手で包み込む、押すなど)を提案し、子どもの活動への意欲をもたせる。 ・目標やテーマ、活動について、口頭や掲示物などを使って、簡潔に説明する。 ・以前の粘土の題材を取り上げながら、共通性や新たな工夫などに気づかせる。活動内容や作品を振り返る際、具体的な写真や作品を提示する。
展開	・木や粘土を触り、その感覚を楽しむ。 ・木の匂いを感じる。 ・使いたい材料を選ぶ。 ・材料の特性を理解し、自分の作品へ生かす。 ・木や粘土をすのこの上に置いて組み合わせて、粘土の中にうめ込んだり、木工用接着剤やグルーガンで貼り付けたりする。 ・手に取って触感を楽しんだり、つくりたいものをイメージしたりしながら、作品づくりに取り組む。	・じっくりと材料に触る時間をとり、子ども自身が材料を選択できるようにする。手に取って選ぶことが難しい子は目線や表情から、意思を確認して関わるようにする。 ・木の匂いを十分に味わえるよう、鼻先で確認したり、鼻先に置いたりしながら、個に応じてじっくり匂いを確認する時間をもつ。 ・諸感覚を働かせている姿を認める声掛けをする。 ・子どもの材料への気づきや頑張り、工夫を本人に伝えたり、まわりの子どもに紹介したりする。 ・活動過程をカメラで記録する。
ふりかえり	・自分の活動や作品を振り返る(作品の工夫したところ、頑張ったところ、気に入っているところなど)。 ・作品乾燥後、丁寧に触ったり嗅いだりしながら友達の作品を鑑賞する。 ・発表する。 ・他の人の発表を聞いたり、作品を丁寧に触って、作品のよさや魅力を感じる。	・題材の目標や活動内容を振り返り、共感的に思いを聞いて、声掛けをする。 ・活動過程の様子をタブレット端末で共有しながら、頑張ったことを価値づける。 P80 ・発表の際に、質問するなどして発表を支援する。

題材同士のつながりを意識しよう

「ぺたぺたどろどろどんなかんじ?」

本題材と液体粘土を使った題材(P92)のつながりを意識して学びを広げる

ポイント⑤ P36

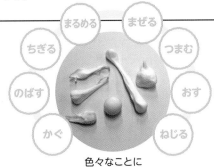

まるめる　まぜる　ちぎる　つまむ　のばす　おす　かぐ　ねじる

色々なことにチャレンジしよう

工作 (鑑賞)

フォトプロップスで大へんしん！

時間数	2時間

内容	描く 切る 貼る 作品を身につけて写真を撮影する

準備する材料や用具

- 画用紙 ● 色画用紙 ● ストロー ● 油性ペン
- クレヨン ● マスキングテープ ● シール
- のり ● セロハンテープ ● はさみ
- タブレット端末やデジタルカメラ　など

高さ18〜23cm

題材の目標と設定理由

　本題材の目標は、「変身」をテーマに材料の形や色を組み合わせて、つくりたいものを考えたり、つくり方を工夫したり、撮影することを楽しむことです。「フォトプロップス」とは、撮影に使う小道具のことをいいます。画用紙やストローを用いて、変身するための小道具（作品）をつくり、友達と一緒に撮影を楽しんでほしいと考えました。複数の作品を組み合わせると、より面白い写真が撮影でき、次々につくることにチャレンジしたくなります。本題材では、「描くこと」、「切ること」、「組み合わせること」、「作品で遊ぶこと」を重視しています。描くことが得意な子は油性ペンやクレヨンなどの描画材料を選択して描き、つくることが得意な子は紙やテープなどを使って切ったり貼ったりして作品づくりに取り組むことができます。それらを組み合わせることも可能です。つくる途中で、自分の顔のサイズに合うように確かめながら、作品のイメージを広げていきます。子どもの変身テーマを一緒に考えたり、一緒に撮影したりするとよいでしょう。

指導のポイント

　参考作品を見て身につけたり、教員が身につけてみたりして、変身のイメージを膨らませていきましょう。普段の自分とは違う自分に変身できることを具体的にイメージさせていきましょう。また、作品イメージが広がりにくい子には、いくつか型紙（めがね、帽子、ひげ、吹き出しなど）を準備しておき、活用しましょう。

ポイント❸ P41

観点別評価規準		
知識・技能	知識	画用紙を選んだり切ったり貼ったりするときなどの感覚や行為を通して、形や色などに気づいている。
	技能	切ることや貼ることに十分に慣れるとともに、手や体全体の感覚を働かせ、表し方を工夫して表している。
思考・判断・表現	発想・構想	「変身」というテーマをもとに、想像したことなどから表したいことを見つけ、どのように表すか考えている。
	鑑賞	作品を身につけて変身したり発表したりすることを通して、造形的な面白さや楽しさ感じ取ったり考えたりし、自分の見方や感じ方を広げている。
主体的に学習に取り組む態度		つくりだす喜びを味わい、作品を身につけて自分を変身させる学習活動に楽しく取り組もうとしている。

<table>
<tr><td rowspan="3">題材のポイント</td><td>見る</td><td>形や色の組み合わせや身につけた感じ、撮影した写真を楽しもう</td><td>触る</td><td>画用紙や描画材料を触った感じを楽しもう</td></tr>
<tr><td>嗅ぐ</td><td>描画材料や使用する材料の匂いを感じよう</td><td>聴く</td><td>紙や色々な材料を折ったり丸めたり、やぶいたりする音を楽しもう</td></tr>
</table>

事前準備	活動の途中で作品の大きさが顔に合っているか確認できるように鏡を準備しておきましょう。また、撮影スペースをつくるとよいでしょう。撮影時に、背景に布や紙を貼ると被写体を美しく撮影ができます。使用する材料には、様々な色の画用紙や作品に貼り付けることができる軽いもの（毛糸、梱包材、紙テープなど）を揃え、子どもが色々と選べるようにしてもよいでしょう。

	子どもの活動	教員の指導
導入	・題材の目標やテーマ、活動の流れを理解する。 ・参考作品を身につけたり、教員が使用したりしている姿を見て、自分のつくりたい作品のイメージを広げる。 ・参考作品などから、材料や描画材料による表現の違いを理解する。 画用紙を貼ったベレー帽　　クレヨンで描いたチョウ ・作品のつくり方を理解する。	・目標やテーマ、活動の流れについて、口頭や掲示物などを使って、簡潔に説明する。 ・教員自らが参考作品を使って子どもたちに変身の様子を見せて、変身の意欲をもたせる。 ・どんな材料や描画材料を使いたいか、子どもに問いながら一緒に考えていく。 P66 ・参考作品の表と裏を見せて、作品の構造を伝える。
展開	・使いたい材料や描画材料を選ぶ。 ・様々な形や色を組み合わせながら、自分の変身のイメージを広げる。 ・選んだ材料や描画材料を使用して、表したいことを描いたり、つくったりする。 ・作品に持ち手のストローを貼り付けて完成させる。 ・撮影スペースで、作品を使って写真撮影を行う。 ・撮影の際、鏡で確認しながら、自分の変身イメージに近づくためのポーズをとる。	・特定の材料だけではなく、様々な材料や色に出会えるように、選べる選択肢を増やすようにする。 ・イメージが広がりづらい子には、参考作品を手に取り変身させたり、準備しておいた型紙を選択させたりして、そこからイメージが広がるようにする。 ・子どもの実態に合った方法を選択できるようにしたり、環境を整えたりする。 P58 ・机間指導をしながら、頑張っているところを認める声掛けをする。 P72 ・撮影では、撮影した写真を子どもと共有しつつ、ポーズや角度を調整する。 P80
ふりかえり	・自分の活動や作品を振り返る（工夫したところ、頑張ったところ、気に入っているところなど）。 ・発表する。 ・他の人の発表を聞いたり、作品を丁寧に触って、作品のよさや魅力を感じる。	・題材の目標や活動内容を振り返り、共感的に思いを聞いて、声掛けをする。 P72 ・発表の際に、質問するなどして発表を支援する。 P74

作品例	友達にも作品を持ってもらって、作品をたくさん撮影したよ！

つくり方の工夫

撮影時に、ストローが顔に重ならないような角度でストローをつけよう

工作 せかいにーつ！ わたしだけのマイカップ

時間数	2 時間
内 容	粘土を練る 丸める 手びねり ひもづくり 自分でつくったものを使う

準備する材料や用具

● 焼き物用粘土（2種類）　● 透明釉薬
● どべ（粘土に水を加えたもの）
● 新聞紙　● 粘土べら　● 切り糸
● タオル　● 爪楊枝　● 粘土板　など

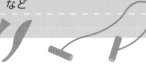

高さ 3〜5cm

題材の目標と設定理由

　本題材の目標は、自分で使用する焼き物（マイカップ）をつくることを通して、使う用途を考えながら作品の形や色を工夫したり、つくったり使ったりすることを楽しむことです。本題材を実践した際は、院内学級の子どもを対象としました。子どもがお薬などを飲む際、自分でつくった愛着ある作品（マイカップ）を使うことができればいいなと考えたことがきっかけでした。粘土はひんやりと気持ちよく、可塑性もあり、自由に色々な形をつくることができます。また、焼く前と焼いた後の変化を楽しむことができますし、作品のできあがりには驚きや感動を味わうことができます。入院中の子どもだけではなく、全ての子どもにこれらの変化を楽しみながら、自分に合うサイズや形や色をイメージしたり選んだりしながらつくる喜びや使う喜びを感じてほしい、自分の力で楽しい時間をつくりだすきっかけにしてほしいと考えます。本題材では、「触ること」、「試すこと」、「使うこと」を重視しています。活動では、丸めたり、つまんだり、のばしたり、押したり、重ねたりなど、様々な表現方法を試すことができます。

指導のポイント

　使うことをイメージさせ、どんな作品にしたいかイメージを広げていくようにしましょう。その際、日頃使っているコップや参考作品を見比べてみるなど、形や色の違いを感じさせましょう。
　また、焼き物の制作順序を確認し、見通しをもたせていくことも大事です。触覚過敏の子には、様々な対応が必要となります。P85
　学校に陶芸用の窯がない場合は、焼成などを業者に委託することも考えられます。

観点別評価規準			
知識・技能	知識	粘土を丸めたり、つまんだり、のばしたりするときの感覚や行為を通して形や色などに気づいている。
	技能	粘土や用具に十分に慣れるとともに手や体全体の感覚などを働かせ、表し方を工夫して表している。
思考・判断・表現	発想・構想	つくりたいマイカップをイメージして表したいことを見つけ、どのように表すか考えている。
	鑑賞	自他の作品の造形的な面白さや楽しさなどを感じ取ったり考えたりし、自分の見方や感じ方を広げている。
主体的に学習に取り組む態度		使うことをイメージしながら、粘土でマイカップをつくる学習活動に楽しく取り組もうとしている。

<table>
<tr>
<td rowspan="4">題材
の
ポイント</td>
<td>見る</td>
<td>粘土の色の違いや、乾燥時や素焼き、本焼きの形や色の違いを感じよう</td>
<td rowspan="4"></td>
</tr>
<tr>
<td>触る</td>
<td>粘土を触ったり握ったり練ったりするなどして、
柔らかさや温度、形の面白さなどを感じよう</td>
</tr>
<tr>
<td>嗅ぐ</td>
<td>粘土の匂いを感じよう</td>
</tr>
<tr>
<td>聴く</td>
<td>粘土を握ったり、触ったり、練ったりするときの
音に注目しよう</td>
</tr>
</table>

事前準備	使用する粘土を授業前に練っておきましょう。力が弱い子にとっては、袋から出したての粘土は硬くて、練ったりちぎったりすることが難しい場合があります。事前に練っておくと柔らかい状態で使い始めることができます。また、子どもの実態に合わせて、渡す粘土の量を調整しましょう。 **ポイント⑥ P37** 参考作品をつくって先生自身も作品を使ってみましょう。 **ポイント⑧ P41**

	子どもの活動	教員の指導
導入	・題材の目標やテーマ、活動の流れを理解する。 ・焼き物の特徴を理解し、参考作品からつくりたい作品のイメージを広げる。 ・2種類の成形の仕方（手びねり、ひもづくり）を知り、参考作品を鑑賞したり、使う場面を想像することで、つくりたい作品のイメージを広げる。 ・粘土を手に取り、粘土の触感を楽しみながら、その性質（可塑性）や用具の使い方を理解する。 ・粘土で色々試して、色々な表現方法があることを知る。	・目標やテーマ、活動の流れについて、口頭や掲示物などを使って、簡潔に説明する。 ・焼く前と焼いた後の作品を比較させながら、焼き物の特徴を伝える。参考作品を提示して説明を行い、作品のイメージが広がるようにする。 ・2種類の成形方法について、掲示物を利用し実演を行いながら説明する。 **ポイント⑦ P40** ・粘土の特性や用具の使い方の説明も行う。参考作品を触らせながら、粘土の厚さの目安を確認させる。 ・粘土を触って試すことを促す。
展開	・成形方法を選ぶ。 【手びねり】 ①粘土を丸める。 ②塊から粘土を指先でのばしながら形づくっていく。 【ひもづくり】 ①底面をつくる。 ②接合部分にどべを筆や指で塗る。ひもを積み上げてつくる。	・実態に合わせて、成形方法を選択できるようにする。 ・机上に粘土板と新聞紙を敷いて、準備させる。 ・【手びねり】では、底や側面が厚くなりすぎないように留意させる。 ・【ひもづくり】では、接合部分にどべを塗り、ひもをしっかりとおさえながら積み重ねていくようにする。乾燥時に収縮することを伝える。 ・カメラで活動の様子を写真に撮って記録する。 ・粘土の組み合わせや形の工夫を認めるような声掛けをする。
ふりかえり	・自分の活動や作品を振り返る（作品の工夫したところ、頑張ったところ、気に入っているところなど）。 ・発表する。 ・他の人の発表を聞いたり、作品を丁寧に触って、作品のよさや魅力を感じる。	・題材の目標や活動内容を振り返り、共感的に思いを聞いて、声掛けをする。 ・写真で記録した活動の様子を電子黒板で紹介する。 **P80** ・発表の際に、質問するなどして発表を支援する。
事後	乾燥・素焼き・本焼き	

アレンジ	粘土に葉っぱを押しあてて、模様をつけることができる

第3章 実践例 15題材

工作
（鑑賞）

きって かさねて はりつけて
カケラから広がる光のせかい

| 時間数 | 2時間 |

| 内容 | 発泡スチロールを切る
切ったパーツを重ねる 組み合わせる
自分でつくったものを使う |

準備する材料や用具

- ●発泡スチロール板（厚さ10〜20mm程度）
- ●スチレンストック（10〜20mm程度）
- ●化学接着剤 ●グルーガン P68 ●LEDライト
- ●スチロールカッター ●クランプ など

高さ45cm

題材の目標と設定理由

　本題材の目標は、発泡スチロール板をスチロールカッターで切ったり、切ったパーツを組み合わせたりなどの試行錯誤をしながら、ランプシェードの形を考えたり、つくり方を工夫することです。完成した作品は、実際に使用して生活を彩ることができます。白色の発泡スチロールや棒状のスチレンストックに子どもたちが出会い、自分のイメージを広げていきます。本題材では、「切ること」、「重ねること」、「組み合わせること」、「使うこと」を重視しています。発泡スチロールはスチレンカッターを使用すると大きな力を加えることなく、自由に形をつくることができます。子どもの実態に合わせて、スチロールカッターを動かして切ることもできますし、スチロールカッターを固定して切ることもできます。軽い力で滑らかに切る感覚が、とても気持ちよく、子どもたちも切る楽しさやつくる楽しさを味わうことができます。材料の質感や形の面白さ、切る楽しさを感じさせていきましょう。子どもは、作品から自分なりの世界をイメージしていきます。一緒に作品名を考えてみるのもよいでしょう。

指導のポイント

　スチロールカッターをクランプなどで固定し、使用することもできます（右ページ）。
　スチロールカッターで楽しく切り進めながら、作品のイメージを広げるようにしていきましょう。子どもが何を楽しんでいるのか、どのような工夫をしているのかをしっかりと観察しましょう。スチロールカッターには色々な種類があるので、子どもの実態にあったものを選んで使用させましょう。活動前には、使い方の説明や練習を行うなど安全指導も行いましょう。

観点別評価規準

知識・技能	知識	発泡スチロール板を切ったり組み合わせたりするときの感覚や行為を通して、形や色などに気づいている。
	技能	発泡スチロール板やスチレンカッターに十分に慣れるとともに、手の感覚を働かせ、表し方を工夫して表している。
思考・判断・表現	発想・構想	発泡スチロール板を切ったときの形や光の世界から想像したことをもとに、表したいことを見つけ、どのように表すか考えている。
	鑑賞	自他の作品（LEDライトをつけた状態、つけない状態）を見て、造形的な面白さや楽しさなどを感じ取ったり考えたりし、自分の見方や感じ方を広げている。
主体的に学習に取り組む態度		発泡スチロール板を切ったり組み合わせたりして、ランプシェードをつくる学習活動に楽しく取り組もうとしている。

<table>
<tr>
<td rowspan="4">題材
の
ポイント</td>
<td>見る</td>
<td>形の組み合わせの面白さや LED ライトの光の美しさを感じよう</td>
<td rowspan="4"></td>
</tr>
<tr>
<td>触る</td>
<td>発泡スチロールの大きさや質感を感じよう
スチロールカッターで切った断面を触ってみよう</td>
</tr>
<tr>
<td>嗅ぐ</td>
<td>発泡スチロール板の匂いを感じよう</td>
</tr>
<tr>
<td>聴く</td>
<td>発泡スチロールのこすれる音やスチレンカッター
で切る音に注目してみよう</td>
</tr>
</table>

事前準備

発泡スチロール板やスチレンストックを様々な大きさや形に切り、参考作品と一緒にパーツを準備しておきましょう。イメージが広がりにくい子は、準備したパーツを触ったり見たりしながらイメージを広げることができます。切ることに課題がある子には、準備したパーツから気になるパーツを選ぶようにして、重ねたり貼り付けたりすることに取り組ませることもできます。教員が試し切りをして、子どもの実態に合った材料を選び、子どものイメージが広がるように、事前に参考作品やスチロールのパーツを教室に掲示しておくのもよいでしょう。 ポイント❽ P41

	子どもの活動	教員の指導
導入	・参考作品の魅力を感じる。 ・題材の目標やテーマ、活動の流れを理解する。 ・発泡スチロール板やスチレンストック、スチロールカッターに出会い、触りながら、活動への期待感を高める。 ・材料の大きさや形、質感などを感じつつ、自分のつくりたい作品のイメージを広げる。 ・スチロールカッターの使い方を理解し、自分の作品へ生かす。	・教室を暗くして参考作品を鑑賞させる。 ・目標やテーマ、活動の流れについて、口頭や掲示物、参考作品などを使って簡潔に説明する。 ・材料や用具、参考作品を提示する。作品のイメージが広がりにくい子には、パーツを提示し、活動意欲をもたせるようにする。 ・スチロールカッターの使い方を実演しながら、説明する。小学校低学年の子は、教員と一緒に使うことを伝える。安全面（やけどなど）には特に注意する。
展開	・発泡スチロール板をスチロールカッターで切って、土台やパーツをつくる。 ・パーツを手に取って触感を楽しんだり、組み合せたりしながら、つくりたいものをイメージする。 ・切った土台の上に、パーツを重ねて置き、パーツ同士を接着剤で貼り付ける。 ・LED ライトを作品にセットして、光り方を確認しながら、活動を進める。	・パーツをつくる際、自由に切ることを楽しむように促す。 ・LED ライトを出し入れするスペースを確保し、パーツを土台には貼り付けないことを伝える。 ・つくる途中、子どもたちが自分の作品を色々な角度から見つめるように促す。 ・LED ライトの光がきれいに見えやすいように、隙間を開けるなどして重ね方を工夫するように伝える。 ・作品の形や色の美しさ、LEDライトを光らせたときの光や影などに注目させるように声掛けをする。
ふりかえり	・自分の活動や作品を振り返る（作品の工夫したところ、頑張ったところ、気に入っているところなど）。 ・発表する。 ・他の人の発表を聞いたり、作品を丁寧に触って、作品のよさや魅力を感じる。	・題材の目標や活動内容を振り返り、共感的に思いを聞いて、声掛けをする。 ・発表の際に、質問するなどして発表を支援する。

作品例

指導のポイント

クランプでスチロール
カッターを固定する

スチロールカッターには、加熱せずに使えるタイプのものもある。刃に触れてもけがをしにくいので、安全に使える。子どもの実態に合わせて選ぼう

工作（鑑賞）　どんな形？　どんな音？　レインスティック

時間数	2時間

内容	中にビーズなどを入れて音を鳴らす 材料で筒を飾る 巻きつける　結ぶ

準備する材料や用具

●紙筒　●爪楊枝　●布　●厚紙　●身近な材料 (ストロー、ビーズ、
輪ゴム、毛糸、ロープ、ひも、リボン、滑り止めシート、梱包材料、アルミホイル、
色セロハン、フェルト、ネット、モール)　●接着剤　●グルーガン
●ビニールテープ　●押しピン　●きり　●ラジオペンチなど　など

高さ 各44cm

題材の目標と設定理由

　本題材の目標は、レインスティックをつくることを通して、音をイメージしながらつくりたいものを
考えたり、つくり方や中に入れるものを工夫したりして、つくることや音を鳴らすことを楽しむこと
です。本題材のレインスティックは、紙筒の内側に爪楊枝をらせん状に打ち込み、その中にビー
ズなどを入れることで雨や波のような音を出すことができます。視覚だけでなく、聴覚や触覚を働
かせながら、つくりたいものをイメージしたり活動に取り組んだりできます。本題材では、「選ぶこ
と」、「音を聴くこと」、「手触りを楽しむこと」、を重視しています。中に入れるものや量を変えると
音の変化を楽しめます。音が鳴る仕組みを理解したり、どんな音を鳴らしたいか考えたりしながら、
イメージを広げて紙筒の装飾に取り組むことができます。装飾づくりでは、凹凸が感じられたり質
感が異なったりする材料を選び、触った感じを大切にしながら活動を進めていきましょう。材料を
巻いたり結んだりしてもよいでしょう。接着剤などを使用して貼り付けることもできます。作品が完
成したら、皆で鑑賞し、リレーのように順番に
鳴らしていくこともできます。

指導のポイント

　導入では、参考作品の音を聴いたり、触っ
たりして、材料やつくり方の工夫について子ど
もと一緒に考えていきましょう。中に入れている
材料を見せたり、実際に子どもに鳴らさせたり
して、活動への関心を高めていきましょう。作
品は、360度から見ることができるので、その
ことも意識させましょう。実態に合わせて、巻
きつけたり、結んだり、貼り付けたりする方法
を選んでいきましょう。

観点別評価規準

知識・技能	知識	様々な材料を組み合わせて音を聴いたり、触ったりするときの感覚や行為を通して、形や色、音の感じなどに気づいている。
	技能	様々な材料などに十分に慣れるとともに、手や耳の感覚を働かせ、表し方を工夫して表している。
思考・判断・表現	発想・構想	様々な材料を組み合わせて出た音や、触ったりするときの感じをもとに、表したいことを見つけ、どのように表すか考えている。
	鑑賞	自他の作品を見たり聴いたりすることを通して、造形的な面白さや楽しさなどを、感じ取ったり考えたりし、自分の見方や感じ方を広げている。
主体的に学習に取り組む態度		様々な材料を選んで組み合わせてできる形や色、音の感じなどを考えて、レインスティックをつくる学習活動に楽しく取り組もうとしている。

題材のポイント		
見る	使用している材料の形や色の工夫を感じよう	触る	様々な材料と出会い、触って大きさや質感などを楽しもう
嗅ぐ	紙筒や材料の匂いを感じよう	聴く	材料を加工する音に注目しよう。中に入れる材料によって、聞こえる音の違いを楽しもう

事前準備

子どもの実態によりますが、紙筒に穴を開けたり、爪楊枝をさしたりする工程は事前に準備しておくとよいでしょう。 ポイント⑧ P41 紙筒はラップの芯や市販されている厚めの紙筒などを使用します。ラップの芯は、押しピンやきりなどを使用して穴を開けることができ、厚く固めの紙筒にはテーブルドリルを使用してもよいでしょう。紙筒の性質に合わせて、穴を開ける方法を選択しましょう。ラップの芯は 2 本をテープでつなぎ合わせて使用することもできます。筒が長いと、音が綺麗に響きます。 ポイント⑥ P39

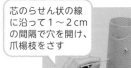

芯のらせん状の線に沿って 1 ～ 2 cm の間隔で穴を開け、爪楊枝をさす

飛び出している部分は、ペンチなどでカットし、ビニールテープなどで養生する

らせん状にさす

子どもの実態に合わせた長さを検討しておく。いくつか準備しておき、音や形の違いから選ばせる

	子どもの活動	教員の指導
導入	・参考作品を触ったり、音を鳴らしたりして、作品に興味をもったり、触り心地や音を楽しんだりする。 ・音を聴きながら、自分のつくりたい作品のイメージを広げる。 ・題材の目標やテーマ、活動の流れを理解する。 ・音の鳴る仕組みや作品の形の特徴を理解する。	・参考作品を提示し、実際に子どもに触らせたり音を鳴らさせたりして、意欲をもたせる。 ・音の面白さや材料の加工の特徴に気づかせる。 ・目標やテーマ、活動の流れについて、口頭や掲示物などを使って、簡潔に説明する。 ・音の出る仕組みや、色々な角度から見ることができる作品だということを確認する。
展開	・紙筒の中に、様々なものを入れて、音を楽しむ。 ・音を聴きながら、作品のイメージを広げる。 ・使いたい材料を選んで、巻いたり結んだり貼り付けたりしながら、自分なりに工夫をする。 中に入れる材料例 （ビーズ類、ストロー、爪楊枝の頭） ※中に入れる材料は色々と考えられる。組み合わせてもよい。	・中に入れるものによって音が変わることに気づかせる。色々な材料を準備しておき、試させる。 P60 ・つくりたいもののイメージが既にある場合は、そのイメージから材料を選ばせる。一方で、イメージが曖昧な場合は材料を見たり触ったりする過程を大切にしながらイメージを広げさせていく。 ・カメラで活動の様子を撮影しておき、友達が使用している材料やつくり方の工夫を紹介する。 P80
ふりかえり	・自分の活動や作品を振り返る（作品の工夫したところ、頑張ったところ、気に入っているところなど）。 ・実際に音を聞いたり触ったりして友達の作品を鑑賞する。 ・発表する。 ・他の人の発表を聞いたり、作品を丁寧に触って、作品のよさや魅力を感じる。	・題材の目標や活動内容を振り返り、共感的に思いを聞いて、声掛けをする。 ・筒を傾ける角度や速さなど鳴らすときに工夫することを伝える。 ・発表の際に、質問するなどして発表を支援する。

作品例

「ビーズやストローを入れました。大きめの材料をたくさん入れたら、音が鈍くなったので、小さい材料を少しずつ入れて好きな音になるようにしました。」

ふたの付け方

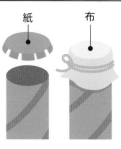

紙

布

筒の片方に厚紙を貼り付ける。もう片方は布などをゴムやひもで結びつけて中身を入れ替えられるようにする。

工作 むすんで まいて あんでつくる お正月かざり

内容 材料を触る 結ぶ 巻く 編む
材料を組み合わせる
自分でつくったものを飾る

準備する材料や用具

- ワイヤーネット　●和紙ひも　●自然材料 (い草など)
- 水引　●色画用紙　●ひも類 (麻ひも、たこ糸、リボン)
- モール　●結束バンド　など

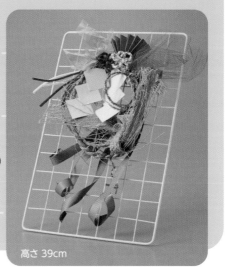

高さ 39cm

題材の目標と設定理由

　本題材の目標は、和紙ひもや自然材料を用いて、自分の家などに飾るお正月飾りをイメージして、つくりたいものを考えたり、材料を組み合わせてかたちを工夫したり、つくることや飾ることを楽しむことです。年中行事をテーマにすることで、自分たちの生活と関連づけながら、他者と一緒につくることや飾ることを楽しむこともできます。本題材では、「触ること」、「結ぶこと」、「巻くこと」、「編むこと」、「組み合わせること」を重視しています。子どもの幅広い実態に合わせて、様々な感覚を働かせたり、好きなことや得意なことを生かして方法を選択したりすることができます。また、つくる過程で手元が安定するように作品をワイヤーネットに固定しながらつくり進められるようにしました。ワイヤーネットに材料を結びつけたり、巻いたりして装飾することができるので、つけたりとったりなど試行錯誤しながら自分の飾りのイメージを広げることができます。形にこだわったり、色にこだわったり、材料の組み合わせにこだわったり、技法にこだわったりするなど、子どもがやりたいことを選択して追究していくことができます。本題材では、お正月をテーマにしていますが、他にも色々な年中行事があるので関連させて題材内容や材料を考えてみましょう。

ポイント⑤ P36

指導のポイント

　和紙ひもや自然材料の魅力を、子どもたちと一緒にはじめに味わっていきましょう。形や色、質感、ボリューム感など、諸感覚を通して、その魅力を感じ取っていきましょう。導入では、教員が材料の可能性 (結ぶ、巻く、編む、組み合わせるなど) を示したり、子どもと一緒に考えたりするようにしましょう。

観点別評価規準		
知識・技能	知識	材料を結んだり巻いたり編んだりするときの感覚や行為を通して、形や色などに気づいている。
	技能	和紙ひもや自然材料に十分に慣れるとともに、手の感覚を働かせ、表し方を工夫して表している。
思考・判断・表現	発想・構想	お正月飾りというテーマから、材料の触った感じなどから表したいことを見つけ、どのように表すか考えている。
	鑑賞	自他の作品の造形的な面白さや楽しさなどを感じ取ったり考えたりし、自分の見方や感じ方を広げている。
主体的に学習に取り組む態度		材料を触った感じからお正月飾りをつくる学習活動に楽しく取り組もうとしている。

<table>
<tr>
<td rowspan="2">題材
の
ポイント</td>
<td>見る</td>
<td>材料の色の違いや光が透けた感じを楽しもう</td>
<td>触る</td>
<td>手などで和紙ひもやい草を触ったり、結んだり巻いたり編んだりして、その質感や形の変化を楽しもう</td>
</tr>
<tr>
<td>嗅ぐ</td>
<td>和紙や自然材料などの匂いを感じよう</td>
<td>聴く</td>
<td>和紙ひも、自然材料、金属の音を聴き分け、特徴に注目しよう</td>
</tr>
</table>

<table>
<tr>
<td>事前準備</td>
<td>主材料として、和紙ひもや水引、い草などが考えられます。実際触ってみて、それぞれの特徴（柔らかさ、匂い、質感など）を確認しながら、子どもの実態にあった材料を選びましょう。組み合わせることもできます。また、提供する量や長さなども同時に検討していきましょう。さらに、お正月飾りの役割や飾る場所のことについても調べておきましょう。様々な種類（形）についても調べ、写真などを準備したり、参考作品をつくっておくと子どもがつくるときの参考にもなります。 ポイント❽ P41</td>
</tr>
</table>

		子どもの活動	教員の指導
導入		・題材の目標やテーマ、活動の流れを理解する。 ・お正月はどんな日か、どのようなことをするのか、どのような過ごし方をするのかなどを発表する。 ・お正月飾りの役割や飾る場所について考えたり、理解したりする。 ・和紙ひもやい草に直接触り、触感を楽しんだり、どんなことができそうか考えたりする。 ・参考作品やお正月飾りの写真を見ながら、自分のつくりたい作品のイメージを広げる。	・目標やテーマ、活動の流れについて、口頭や掲示物などを使って、簡潔に説明する。 ・お正月のことを話題にしながら、お正月飾りの意味などを考えさせる。 P70 ・材料を提示しつつ、造形的な特徴や加工の可能性に気づかせるような問いかけをする。「どの色が好きかな？」、「どんなことができるかな？」など。 ・参考作品の工夫点や魅力を子どもと一緒に考えて、つくりたい作品のイメージを広げさせる。 ・制作途中のパーツ（結ぶ、巻く、編むなど）を提示して、材料の加工の可能性を子どもが感じられるようにする。 P64
展開		・使いたい材料（和紙ひも、水引、い草など）を選ぶ。 ・和紙ひもを束ねて結んだり巻いたり編んだりしてかたちをつくる。 ・様々な材料を手に取って触感を楽しんだりつくった形に結びつけたりして装飾する。 ・装飾したものをワイヤーネットに固定する。 ・ワイヤーネットにさらに飾りをつけてお正月飾りを完成させる。	・材料を選ぶ際、選択肢を複数示して子どもが使いたい材料を一緒に選ぶ。 ・色々な材料の特徴（形、色、質感など）に出会えるように積極的に紹介し、その組み合わせの魅力について例（パーツなど）を示しながら紹介する。 ・和紙ひもを編むときは、和紙ひもを机にテープで固定したり、教員が手で固定したりするなどする。 ・机間指導をしながら、工夫している点などを認めたり価値づけたりする。
ふりかえり		・自分の活動や作品を振り返る（作品の工夫したところ、頑張ったところ、気に入っているところなど）。 ・発表する。 ・他の人の発表を聞いたり、作品を丁寧に触って、作品のよさや魅力を感じる。	・題材の目標や活動内容を振り返り、共感的に思いを聞いて、声掛けをする。 ・発表の際に、質問するなどして発表を支援する。

様々な工夫

色の違うひもを組み合わせて編んだよ

リボンやモールと組み合わせてみたよ

工作　みんなでさかせる〇〇な木

80×110cm

時間数	2 時間

内 容	和紙を絵の具で染める 染めた和紙を貼り合わせる 共同制作

準備する材料や用具

- 和紙 (障子紙、半紙)　　●模造紙
- クラフト紙　　●水彩絵の具
- のり **P68**　　●はさみ　　●新聞紙　など

題材の目標と設定理由

　本題材の目標は、和紙を絵の具で染めたり切ったり貼り合わせたりして木をつくる活動を通して、つくりたいものを考えたり、色の組み合わせや染め方を工夫したり、つくることや飾ることを楽しむことです。本題材は個人で活動するだけではなく、染めた和紙を友達と貼り合わせて共同作品として展示・鑑賞することができます。自分の作品が他者と共に一つの作品となる達成感を感じることができます。また、活動では「選ぶこと」、「組み合わせること」を重視しています。色を選ぶこと、形や色を組み合わせることなどを意識させましょう。和紙を染める際、子どもの実態に合わせて、様々な方法が考えられます。腕や手を動かせる子に対しては、和紙を折ったりパレットにつけて染めたりする方法を選択できますし、手先（つまむなど）を使うことが得意な子には、別の方法を選択することができます（右ページ「つくり方の工夫」）。さらに、はさみを使える子は花の形を切ってつくることもできますし、はさみの使用が難しい子はやぶって花の形をつくることも可能です。子どもたちがつくった花の作品を一面に並べ、その特徴から子どもと一緒に木の名前（例：カラフルツリー、〇△□な木、レインボーツリーなど）を考えてみましょう。

指導のポイント

　活動の手順を確認し、見通しをもたせると安心して活動に取り組めます。**ポイント❼ P40**

　導入では、和紙の折り方や、色の組み合わせによる形の面白さや色の美しさに気づかせていきましょう。様々なパターンの参考作品を提示するなどして、活動への意欲を高めていきましょう。

観点別評価規準		
知識・技能	知識	和紙を触ったり染めたり切ったりするときの感覚や行為を通して、形や色などに気づいている。
	技能	和紙や描画材料に十分に慣れるとともに、手の感覚などを働かせ、表し方を工夫して表している。
思考・判断・表現	発想・構想	和紙の形や触った感じ、描画材料で染めたときの色をもとに、表したいことを見つけ、どのように表すか考えている。
	鑑賞	自他の作品の造形的な面白さや楽しさなどについて、感じ取ったり考えたりし、自分の見方や感じ方を広げている。
主体的に学習に取り組む態度		和紙を触ったり染めたり切ったりしてできた花を貼り付けて、木を共同制作する学習活動に楽しく取り組もうとしている。

<table>
<tr><td rowspan="2" colspan="2"></td><td>組み合わせによる形や色の
美しさや面白さを感じよう</td><td></td><td>和紙や模造紙の質感の違いや
絵の具や水の温度など、手など
で触れながら違いを楽しもう</td></tr>
</table>

<table>
<tr>
<td rowspan="4">題材
の
ポイント</td>
<td>見る</td>
<td>組み合わせによる形や色の
美しさや面白さを感じよう</td>
<td>触る</td>
<td>和紙や模造紙の質感の違いや
絵の具や水の温度など、手など
で触れながら違いを楽しもう</td>
</tr>
<tr>
<td>嗅ぐ</td>
<td>絵の具の匂い、紙の匂いを感
じよう。季節の花の匂いも感
じよう</td>
<td>聴く</td>
<td>紙を加工するときの音に注目し
よう。</td>
</tr>
</table>

事前準備	子どもの実態に合わせて、和紙の大きさを検討しましょう。共同作品の台紙（本題材では模造紙を使用）に木のみを事前に制作しておき、子どもの活動への意欲がわくようにしましょう。パレットに関しては、通常の絵の具のパレットではなく、色を染めやすいように深さのあるカップや手づくりのパレットを準備するとよいでしょう。 ポイント⑤ P37・P62

		子どもの活動	教員の指導
導入		・題材の目標やテーマ、活動の流れの手順を理解する。 ・和紙を触ったり、音を聴いたり、匂いを感じたり、楽しんだりする。 ・参考作品を見たり、触ったり、説明を聞いたりすることで、和紙の染め方や切り方などを理解し、自分のつくりたい作品のイメージを広げる。	・テーマを発表し、目標や活動の流れを説明する。 ・和紙や共同制作用の台紙を見たり触ったりしながら具体的にイメージを広げるようにする。 ・参考作品を提示し、和紙の折り方、絵の具の水の調整、和紙の染め方の説明を実演しながら説明する。 ポイント③ P41 ・混色の仕方や色の組み合わせの可能性を提示して、子どもたちが色を選んだりつくったりする楽しさを感じられるようにする。
展開		・和紙を折る。 ・絵の具を選んで、和紙を染める。染めながら、和紙や絵の具の触感を楽しみ、作品のイメージをさらに広げる。 ・絵の具をしっかりと吸い込ませるように、つまむなどして和紙を押す。 ・和紙を開いて、乾燥させる。 ・乾燥後、再び折って切る。	・紙のサイズは、数パターンを準備する。はじめに折る作業を行うように指示する。折り方で模様が変わることに気づかせ、色々と試すように促す。 ・絵の具はよく混ぜ合わせ、水を少しずつ加えていくことを伝える。 ・染める際には、色の組み合わせの効果に注目させるような声掛けを行う。子どもの形や色へのこだわりを探りながら、具体的な言葉で活動を価値づける。 ・白い部分が残ってもよいことを伝える。 ・はさみの使い方や姿勢、安全指導などを行う。補助具での制作の場合は、補助に入るが、子どもが自ら制作している感覚を大切にする。 ポイント⑤ P37・P62
		・切った作品を模造紙に貼り付けて、作品を完成させる。	・作品を貼り付ける際、自他の作品を生かせるように声掛けをする。
ふりかえり		・自分の活動や作品を振り返る（作品の工夫したところ、頑張ったところ、気に入っているところなど）。 ・発表する。 ・他の人の発表を聞いたり、作品を丁寧に触って、作品のよさや魅力を感じる。	・題材の目標や活動内容を振り返り、共感的に思いを聞いて、声掛けをする。 ・発表の際に、質問するなどして発表を支援する。

つくり方の工夫 P62

和紙を折るだけではなく、手で握るなどして形をつくることができる

握ってできた和紙に小さなボトルから絵の具を染み込ませる

和紙をビニール袋に入れて手でもんで着彩することもできる

工作　みんなでえがく **学校キャラクター**

時間数	2 時間

内 容	キャラクターのパーツを描く 描いたパーツをタブレット端末で撮影する パーツを組み合わせる 共同制作

準備する材料や用具

- タブレット端末　● プレゼンテーションソフトウェア
（PowerPoint、Keynote など）● クリアファイル
- 油性ペン　● 色紙　など

題材の目標と設定理由

　本題材の目標は、季節をテーマに学校キャラクターを描くことで、表したいことを思いついたり、表し方を工夫したり、友達と一緒に表すことを楽しむことです。本題材では、「描くこと」、「切り抜くこと」、「組み合わせること」、「一緒に表すこと」を重視しています。活動では、タブレット端末などのプレゼンテーションソフトウェアを活用します。手描きしたキャラクターの「パーツ（目、口、手、足、服、小物など）」を撮影し、撮影したパーツをソフトウェアに取り込み、切り取った後に保存します。保存したパーツを、自由に組み合わせながら何度も試行錯誤を繰り返して、着せ替えのようにキャラクターを完成させます。さらに、活動では、友達とパーツを共有して共同制作を行います。パーツを蓄積していけば、授業後にも色々な人が関わり新たなイラストをつくることができます。他者との関わりを通して、自他の表現の魅力に気づいたり認めたりすることができ、共同的に表現活動に取り組め、実践後にも自他との双方向性の関わりが生まれる内容を目指しました。

指導のポイント

　パーツの描画方法は様々です。子どもの実態に合わせて選択しましょう。本書では、手描き作品をソフトウェアに取り込んでパーツをつくる方法を紹介していますが、タブレット端末での描画が得意な子には、タブレット端末を用いてパーツを描き保存することもできます。

　活動では、自他の作品の形や色、モチーフなどの面白さに気づかせたり組み合わせ方（重ねる、並べる、トリミングするなど）に気づかせたりするような声掛けを行っていきましょう。

観点別評価規準		
知識・技能	知識	キャラクターのパーツを描いたり組み合わせたりするときの感覚や行為を通して、形や色などに気づいている。
	技能	油性カラーペンやタブレット端末に十分に慣れるとともに、手の感覚などを働かせ、表し方を工夫して表している。
思考・判断・表現	発想・構想	学校キャラクターのテーマをもとに、表したいことを見つけ、どのように表すか考えている。
	鑑賞	自他の作品の造形的な面白さや楽しさについて、感じ取ったり考えたりし、自分の見方や感じ方を広げている。
主体的に学習に取り組む態度		つくりだす喜びを味わい、キャラクターを共同制作する学習活動に楽しく取り組もうとしている。

<table>
<tr><td rowspan="2">題材
の
ポイント</td><td>見る</td><td>各テーマの形や色、モチーフ、構図の違いや面白さを感じよう</td><td>触る</td><td>油性ペンで描いたりタブレット端末を使ったりする魅力を感じよう</td></tr>
<tr><td>共同</td><td colspan="3">自他の描いたパーツを組み合わせたり、一緒につくる面白さを感じたりしよう</td></tr>
</table>

事前準備	ソフトウェアの使い方を事前に学んでおくことで、本題材の学習活動にスムーズに入ることができます。また、パーツに色をつけるための色紙などを用意しておきましょう（油性ペンで色をつけることも可能ですが、クリアファイルの間に色紙などを挟むことで色をつけることができます）。クリアファイルにパーツを描く際に、活用するキャラクターの基本形（体）を事前に作成しましょう。

	子どもの活動	教員の指導
導入	・題材の目標やテーマ、活動の流れを理解する。 ・参考作品を見て、学習意欲を高めたり、作品のイメージを広げたりする。	・目標やテーマ、活動の流れについて、口頭や掲示物などを使って、簡潔に説明する。 ・制作の手順を短い動画にまとめて提示するなど工夫する。 ポイント⑦ P40
展開	・クリアファイルに基本形の紙を挟んで、黒い油性ペンでパーツの輪郭を描く。 〈タブレット端末用の基本形〉 〈手描き用の基本形〉 ・彩色したり、色紙を挟んだりして色をつける。 ・タブレット端末で撮影する。 ・ソフトウェアに取り込んで、切り抜き機能を使ってパーツを切り抜き、保存する。その後、種類（目など）ごとに保存する。 ・ソフトウェアを使用してパーツを組み合わせる。 ・友達とパーツを共有して、自分の作品に取り入れる。	・手描き用の基本形を描いた紙とクリアファイルを配布する。 ・パーツの輪郭線を描いてから、ペンや色紙で色をつけることを伝える。 ・パーツのみを描くことが難しい子には、基本形の紙に直接全体のアイデアスケッチを描かせて、教員がパーツに分解していってもよい。「福笑い」のパーツを制作しておき、目や口などのパーツを自在に組み合わせることができることを体験的に事前に学習させる工夫も考えられる。 ・タブレット端末による撮影や切り抜きなどの指導を行う。 ・パーツを制作後、種類別にまとめておき、選択しやすいようにしておく。 服 目 口
ふりかえり	・作品の工夫したところや頑張ったところ、気に入っているところを発表する。 ・他の人の発表を聞いたり、作品を丁寧に触ったりして、作品のよさや魅力を感じる。	・活動過程の様子をタブレット端末で共有しながら、頑張ったことを価値づける。気になることを問いかける。 P80

アレンジ	学校の掲示板や学校だより、委員会のポスターなど完成したキャラクターを活用しよう P74

第3章 実践例 15題材

121

おわりに

本書をつくりたいと思ったきっかけは、授業の中で出会った
子どもの生き生きとした姿や図画工作科・美術科の魅力や可
能性を多くの人と共有したいと考えたからでした。

「私は貝をかきたい」「僕は作品をたくさんつくりたい」
「この材料を使いたい」「これ、楽しいね」
「これがやりたかったんだ！」
「もっと図工の時間があったらいいのにな」

授業中には子どもたちのこのような言葉が飛びかいます。
自分の想いを言葉で伝えてくれる子もいますし、視線や表情、
動作などで伝えてくれる子もいます。どんな子にも想いがあ
り、一人一人感じ方やとらえ方が異なり、子どもの数だけ教
室には様々な「〇〇したい」という夢や願いがあふれていま
す。

図工・美術は、表現や鑑賞を通して、自分の夢や願いを想像しながら、自他の個性を認め、自分なりの新たな意味や価値をつくりだし、他者と共に豊かに生きていく力を身につけていく教科です。これは特別支援学校に在籍している子だけではなく、全ての子に必要な学びの時間といえます。

子どもたちの夢や願いを一緒に育み、新たなものやことを創造するときに大切になるのが、子どもの隣に寄り添う教員のあり方です。図工・美術の授業では、子どもに寄り添い、一緒に面白がったり感動したり、考えたりつくりだしたりする教員のあり方がとても重要となります。私自身、その重要性を改めて再認識したきっかけが現場の先生方や多様な実態の子どもたちとの出会いでした。18年前、初めて現場の先生方と共に授業づくりに取り組んだとき以来、子どもの姿を大切にする先生方のあり方から多くのことを学ばせていただいています。先生方のあり方や授業における

豊かな子どもの姿に出会い、これまで以上に子どもに寄り添った授業づくりを心がけるようになりました。その結果、次々と題材のアイデアが生まれてきました。提案した題材は、現場で子どもたちとの実践を繰り返す中で、さらにブラッシュアップされていきました。このことからも、授業づくりは先生や子どもが共に創りだす豊かな「共創」のプロセスだといえるでしょう。

本書では、こうした共創から生まれた題材（結果）のみを紹介するのではなく、共創による授業づくりのプロセスをわかりやすく紐解いていくことを心がけました。時代や社会、子どもの実態によって授業のあり方は変化し続けます。変化し続ける中では、授業づくりを狭い視野からとらえるだけではなく、様々な視点（本書では、ポイント1〜10）から多角的にとらえていく必要があります。この本を手に取っていただいた方にとって、図工・美術の授業づくりを多角的にとらえるきっかけやヒントとなり、子どもや先生

方が共に新たな授業をつくりだす第一歩になれば幸いです。皆様とお会いできた際には、図画工作科や美術科の授業づくりについて、語り合うことを楽しみしています。

最後になりましたが、私自身にとって、本書をつくること自体が、多様な人々との豊かな共創により実現したものでした。これまで出会った子どもたち、共に授業づくりに取り組んできた先生方や大学生。本書の内容にアドバイスをいただいた先生方や卒業生。一緒に参考作品づくりに取り組んだゼミ生。本の内容や構成などへのきめ細かな助言や提案などをいただいた編集の鈴木裕美子さん、本の内容をよりわかりやすく整理しデザインしてくださった藤沢さだみさん。他にも、多くの方々に応援いただき、関わっていただきました。関わっていただいた全ての方々に、心から感謝申し上げます。

髙橋智子

著者紹介

髙橋 智子
たかはし ともこ

静岡大学教育学部・大学院教育学研究科 准教授

大分県出身。2006年に静岡大学教育学部に着任。専門分野は、美術科教育学。小学校、中学校、特別支援学校での造形・美術教育研究に幅広く関わり、授業づくりに取り組む。近年では、障害等のある児童生徒の図画工作科及び美術科における表現や鑑賞に関する題材研究や指導支援等のあり方について研究している。現場の先生方と連携し、様々な実態の子どもたちの図画工作科や美術科の授業づくりに取り組んでいる。

主要参考文献

髙橋智子・村上陽子「特別支援学校（知的）における伝統文化を題材にした教科横断的な授業実践：日本の美術作品（屏風）に着目して」教科開発学論集 9、pp.73-87、2021年

村上陽子・髙橋智子「特別支援学校（知的）における伝統文化を題材にした教科横断的な授業実践：和菓子（練り切り）に着目して」教科開発学論集 9、pp.57-71、2021年

茂木一司・大内進・多胡宏・広瀬浩二郎編著『視覚障害のためのインクルーシブアート学習―基礎理論と教材開発』ジアース教育新社、2021年

『教育と医学』2001年12月号、慶應義塾大学出版会

文部科学省『特別支援学校教育要領・学習指導要領解説 総則編（幼稚部・小学部・中学部）』平成30年3月

文部科学省『特別支援学校学習指導要領解説 各教科等編（小学部・中学部）』平成30年3月

文部科学省『小学校学習指導要領（平成29年告示）解説 図画工作編』平成29年7月

文部科学省『中学校学習指導要領（平成29年告示）解説 美術編』平成29年7月

静岡県総合教育センター https://www.center.shizuoka-c.ed.jp/page_20201113064646 （2023年9月閲覧）

著者	髙橋智子（静岡大学教育学部・大学院教育学研究科 准教授）
執筆協力及び教材制作協力	中島友絵（静岡大学教育学部髙橋研究室 2011年度卒業生）
教材制作協力	植田蛍、今村友理奈、小川彩奈、神谷椿、後藤小葉子、河合伸晃（静岡大学教育学部髙橋研究室 2023年度ゼミ生） 今井巧（静岡大学教育学部髙橋研究室 2020年度修了生） 大橋美咲（静岡大学教育学部髙橋研究室 2019年度卒業生）
イラスト協力（3つの資質・能力キャラクターイラスト）	河野優衣（静岡大学教育学部髙橋研究室 2021年度卒業生）
共同研究及び授業協力	村上陽子（静岡大学教育学部 教授）、石上充代（静岡県立美術館 学芸課長）（p.77） 市川夢太（静岡大学教育学部附属特別支援学校 教諭）、籔奈緒（静岡大学教育学部附属特別支援学校 教諭）、植田蛍（静岡大学教育学部美術教育専修）、岡本晴子（静岡大学教育学部美術教育専修）、神谷椿（静岡大学教育学部美術教育専修）、藤木真理乃（静岡大学教育学部美術教育専修）（p.120）
撮影	山部祥誠
写真協力	ぺんてる（p.67）　静岡県立美術館（p.67） 静岡大学教育学部附属特別支援学校（p.120）
材料提供	新海畳店（p.116）

（2024年3月時点）

実践から考える 特別支援教育のための
図画工作・美術の授業づくり

2024 年 4 月 20 日発行

著　者　髙橋智子

発行者　開隆堂出版株式会社
　　　　代表者　岩塚太郎
　　　　東京都文京区向丘 1 丁目 13 番 1 号
　　　　https://www.kairyudo.co.jp

印刷者　株式会社平河工業社
　　　　代表者　和田淳子
　　　　東京都新宿区新小川町 3 番 9 号

デザイン　藤沢さだみ

発売元　開隆館出版販売株式会社
　　　　電話 03-5684-6118